Du willst dich nicht jedes Mal im Baumarkt verlaufen?
Du willst beim Krawattenbinden nicht immer neue Seemanns-
knoten erfinden?
Du willst beim nächsten Vorstellungsgespräch auch mal zu
Wort kommen?
… und du hast keine Ahnung, wie das gehen soll?
Das Erfolgsduo Bernhard Finkbeiner und Hans-Jörg Brekle hilft
bei allen Fragen rund um Heimwerken, Auto und Job mit Tipps
und Tricks, wie sie nur von Vati kommen können.

Die Studenten *Bernhard Finkbeiner* (geb. 1983) und *Hans-Jörg
Brekle* (Jahrgang 1976) sind Gründer der viel besuchten und
beachteten Websites Frag-Mutti.de und Frag-Vati.de.

Unsere Adresse im Internet: www.fischerverlage.de

BERNHARD FINKBEINER,
HANS-JÖRG BREKLE

FRAG VATI

Das Nachschlagewerk für alle Lebenslagen
unter Mitarbeit von Tino Heeg

Fischer Taschenbuch Verlag

Illustrationen von Sebastian Steitz

Originalausgabe
Veröffentlicht im Fischer Taschenbuch Verlag,
einem Unternehmen der S. Fischer Verlag GmbH,
Frankfurt am Main, August 2007

© S. Fischer Verlag GmbH, Frankfurt am Main 2007
Satz: Pinkuin Satz und Datentechnik, Berlin
Druck und Bindung: Druckerei C.H. Beck, Nördlingen
Printed in Germany
ISBN 978-3-596-17474-4

INHALT

Intro 7

Heimwerken & Renovieren 11

Finanzen & Versicherungen 30

Job & Karriere 47

Auto & Mobil 72

Dresscode & Knigge 105

Balkonien & Grillen 137

Hochzeit & Feiern 175

Outro 205

Suchmaschine 207

INTRO

Es ist Sonntagmorgen, die Sonne scheint, und ich bin mit meiner Süßen zum Frühstück verabredet. Genau, mit jener Kathrin, die ich vor fast genau zwei Jahren auf der Party von meinen Qualitäten überzeugen konnte. Und ich meine nicht nur meine Qualitäten als Hausmann! Jedenfalls habe ich ihr gerade ein bezauberndes Kerzenlicht-Frühstück gezaubert. Die gesamte WG pennt noch. Es war ein schlauer Schachzug, ihnen Eintrittskarten für die lange Filmnacht mit allen drei Teilen des »Herrn der Ringe« zu schenken. Normalerweise zeigen sich um diese Zeit die ersten unrasierten und von den Ausschweifungen der letzten Nacht gezeichneten Gestalten in unserer WG-Küche. Aber das kann ich gerade nicht gebrauchen – denn heute Morgen will ich ihr die frohe Botschaft von meinem neuen Job verkünden, und dazu brauche ich ungestörte Ruhe! Ah, es klingelt, das ist sie …

Hallo, Leute, also ich habe keine Ahnung, warum der Ingo mir heute Morgen so ein tolles Frühstück gemacht hat. Und außerdem ist er ziemlich nervös. Das habe ich schon bei der Begrüßung gemerkt. Irgendetwas ist da im Busch. Wir Frauen haben da ja ein Gefühl für … ich habe auch schon einen gewissen Verdacht.

So, der Prosecco ist entkorkt, ich schenke meiner Süßen und mir die prickelnde Köstlichkeit ein und will gerade ansetzen zu meiner kleinen Rede – da klingelt das Telefon! In rekordreifen 4,57 Sekunden sprinte ich in den Gang, ziehe kurzerhand den Stecker aus der Dose und bin charmant lächelnd wieder bei meiner Liebsten. Eigentlich kann ich gleich loslegen … oder vielleicht doch erst nach dem Anstoßen …?

Wir ziehen zusammen, das ist ja toll! Erst hat er ewig mit dem Prosecco gekämpft, dann klingelte noch das Telefon. Als wir dann endlich angestoßen haben, hat er so nervös rumgedruckst – dass er mir etwas sagen wolle –, und da ist es mir schon rausgerutscht: »Dass wir zusammenziehen sollen …?« Erst hat er dann etwas bedröppelt geguckt, doch dann grinste er breit, und wir haben uns erst mal richtig abgerüsselt.

Also, das war wirklich knapp. Aber ich habe die Situation chefmäßig-souverän gerettet! Gerade will ich ihr von meinem Traumjob erzählen, da kommt sie mit Zusammenziehen! Sie dachte, dass ich das ganze Brimborium deshalb veranstalte! Na, da konnte ich natürlich nicht nein sagen, die Frauen nehmen sich so was dann ja gleich zu Herzen. Nach dem ersten Schock bin ich dann auch ganz entzückt von der Idee: Ein neues Kapitel wird im Buch unseres gemeinsamen Lebens aufgeschlagen! Wir werden reich, berühmt, mit Kindern gesegnet und glücklich werden – ich sehe es genau vor mir. Klaro, wir müssen jetzt 'ne Wohnung finden und vielleicht renovieren. Überhaupt könnten wir doch auch gemeinsam ein Auto anschaffen. Außerdem muss ich endlich mal meine Finanzen ordnen. Und nächste Woche beginne ich meine neue Stelle, ein echter Traumjob. Na ja, nachdem ich viel Hilfe von Mutti bekommen habe, sollte ich jetzt vielleicht mal ein längeres Gespräch mit Vati führen … oder was meint ihr???

Liebe Kathrin, lieber Ingo,
ein kleiner Schritt für die Menschheit, aber ein großer Schritt für euch! Wir freuen uns, dass euer gemeinsames Leben so rasant Fahrt aufnimmt. Gemeinsame Wohnung, Auto, Job, Karriere und noch viel mehr: Das Leben bleibt ein aufregendes Abenteuer voller kleiner und großer Herausforderungen. Und da wir euch nur zu gerne auch in diesen Situationen unter die Arme greifen wollen, haben wir unser bewährtes Team aus »Frag Mutti« sozusagen um den zweiten wichtigen Mitspieler ergänzt:

Nach Hilde hilft euch jetzt Werner. Denn wo uns Mutti nicht mehr weiterhelfen kann, da ist nun Vati an der Reihe. Und der ist einfach der absolute Fachmann an der Bohrmaschine, dem Grill, beim Vorstellungsgespräch und beim Gebrauchtwagenkauf. Wo immer krumme Dübel, blaue Daumen, qualmende Autos oder verkohlte Grillsteaks auftauchen, Werner weiß, wie man's richtig macht. »Frag Vati« ist randvoll mit Tipps, Komplettlösungen und Cheats, die sich frei zwischen genial und etwas durchgeknallt bewegen. Komplettlösungen helfen dir, ein Problem zu lösen. (»Wie streiche ich meine Wohnung?«). Cheats sind kleine raffinierte Tricks, die bei minimalem Einsatz maximale Wirkung zeigen, z. B. Autotürschlösser eisfrei halten. Alles garantiert erprobt und treffend kommentiert von unserer unbestechlichen Jury! Ein Stern heißt: »Nur was für Dünnbrettbohrer.« Fünf Sterne heißt: »Bombastischer geht's nicht!« Trotz sorgfältiger Prüfung können wir natürlich nicht für jeden Tipp die Hand ins Feuer legen und sind für Anregungen und Kritik dankbar.

Euer
Bernhard und Hans-Jörg

HEIMWERKEN & RENOVIEREN

Mensch, das war schon ein ziemlicher Akt, bis wir eine Wohnung hatten. Aber ohne die tollen Tipps aus »Frag Mutti« hätte es noch deutlich länger gedauert. Aber nun ist es so weit: Vor einer Woche haben wir den Vertrag unterschrieben und sind stolze Mieter einer 84-Quadratmeter-Wohnung mit dreieinhalb Zimmern, Balkon, Speicherabteil und Tageslichtbad! Endgeil, sage ich euch. Dafür haben wir auch einiges getan, was unter anderen Umständen den Tatbestand der Bestechung und Nötigung erfüllen würde. Na ja, für die eigenen vier Wände muss man eben auch mal besondere Mittel anwenden. Jedenfalls konnten wir alle Mitkonkurrenten durch gezielte Blumensendungen an die Vermieterin aus dem Feld schlagen. Und auch unsere Vormieter wurden von uns so lange telefonisch und persönlich belagert, dass ihnen der etwas frühere Auszugstermin schließlich »entgegenkam«, hihi. Allerdings »überlassen« sie uns dafür auch das Renovieren unserer neuen Wohnung.

Doch heute lief dann alles ein wenig suboptimal ab …

Warte mal, Ingo. Besser ich erzähle den Jungs gleich meine Version der Vorkommnisse, da müssen sie sich nicht erst mühsam die Wahrheit aus deiner Heldensaga herausfiltern! Es fing alles damit an, dass sich Ingo vorgestern eine Bohrmaschine bei ALDI geholt hat und dann unbedingt schon mal »ein paar Bilder in der Küche anbringen« wollte. Bevor ich ihm erklären konnte, dass wir eigentlich erst noch tapezieren und streichen müssen, war er schon auf dem Weg in unsere neue Wohnung. Na, und als ich das nächste Mal mit ihm telefonierte, war die Verbindung sehr schlecht, weil es im Hintergrund so rauschte. Dieser Dussel hatte nämlich treffsicher mit seinem neuen Spielzeug die Wasserleitung angebohrt! Und bis er den Hauptwasser-

hahn gefunden hatte, konnte man schon kleine Papierboote in der Küche segeln lassen. So ein Mist!

Liebe Kathrin, lieber Ingo,
da habt ihr ja gleich mal richtig losgelegt! Auf welchen Namen wolltet ihr eure Wohnung denn taufen? Und unter uns: Eine einzelne Bohrmaschine kann zwar viel Schaden anrichten, aber um eine komplette Wohnung zu renovieren, braucht ihr schon einen richtigen Werkzeugkasten.

Komplettlösung – Werkzeugkasten

Folgende Dinge solltest du in einem Werkzeugkasten oder Koffer dein Eigen nennen:

Hammer, Puksäge, verschiedene Schraubendreher (am besten ein Set), Kombi-Zange, Wasserrohrzange, Beißzange, Winkel, ein Set Imbusschlüssel, Meterstab (Zollstock), Spitzzange, Teppichmesser, Set Ring/Gabelschlüssel, Wasserwaage

Maschinen:

Akkubohrschrauber: zum Bohren von Löchern in Holz oder Metall und zum Schrauben.
Zusatzmaterial: Set Holzbohrer, Set Metallbohrer, Set Bits (verschiedene Schraubeinsätze)

Bohrmaschine mit Schlagfunktion: Um Löcher für Dübel in Stein, Beton, Estrich und Fliesen zu bohren.
Zusatzmaterial: Set Steinbohrer in verschiedenen Längen (am besten von gebräuchlichen Größen – 6 mm, 8 mm und 10 mm)

Stichsäge: um Bretter, Laminat, Hölzer und Nerven zu sägen.
Zusatzmaterial: Holzsägeblätter und Metallsägeblätter.

Muss für jeden Haushalt:
Set Schrauben verschiedener Längen und Größen
Set Dübel verschiedener Größen (die gebräuchlichsten sind 5 mm, 6 mm, 8 mm)
Stahlstifte und kleine Nägel, Haken, Schraubösen (auch oft als Set erhältlich)

Sonstiges (ist oft hilfreich, wenn du es in der Wohnung hast):
Klebeband und/oder Malerkrepp
Sprühöl
Kleines Set Feilen
Leim oder Kraftkleber

Klasse, das habe ich mir alles besorgt. Und jetzt geht's noch mal los, aber richtig! Ich fang am besten mal im Badezimmer an (die Küche muss sowieso noch etwas trocknen), da gibt es nichts zu renovieren, nur ein paar Löcher bohren, für Spiegel, Duschvorhang und für den tollen Toilettenpapierhalter mit eingebautem Radio, den ich günstig bei eBay ersteigert habe.

**Bohrer auf glatten Flächen
verrutscht nicht mehr mit Pflastern** ★ ★ ★ ★ ☆

Damit der Bohrer auf glatten Flächen nicht wegrutscht (z. B. Fliesen), vorher etwas Pflaster auf die Stelle kleben, wo gebohrt werden soll. Der Bohrer verrutscht dann nicht mehr.

Das meint die Jury:

⁚ Echt brauchbarer Tipp – und das sagt 'ne »Mutti«

⁚ Ein guter Tipp. Und wenn doch was schief geht und man blutet, hat man das Pflaster griffbereit.

⁚ Super ist auch ein anderes Klebeband, da spart man das gute Pflaster.

⁚ Ich bohre nur in den Fugen, da geht nix kaputt und verrutscht auch nix. Und das Pflaster kann ich bei meiner besserwissenden Freundin verwenden …

Bohren in Fliesen

Zum Beispiel für 6-mm-Dübel (sind die gebräuchlichsten!): Du benötigst einen 6-mm-HSS-Eisenbohrer, einen 6-mm-Steinbohrer und wenn möglich eine elektronisch regelbare Schlagbohrmaschine.

Ans Werk: Das zu bohrende Loch mit Blei- oder Filzstift anzeichnen. Durch den angezeichneten Punkt oder Kreis mittig ein Fadenkreuz ziehen (Striche sollten drei bis vier Zentimeter lang sein). Dann einen klaren Tesa-Band-Streifen (drei bis vier Zentimeter breit, etwa vier Zentimeter lang) darüber kleben. Hat man nur schmales Band zur Hand, wird dieses nebeneinander und leicht übereinander geklebt. Es dient dazu, dass man mit dem Bohrer auf der glatten Fliesenoberfläche nicht abrutscht, passiert ganz schnell und dann läuft über die Fliese eine nicht mehr zu reparierende Frässpur !!

In die Bohrmaschine den 6-mm-Eisenbohrer (!) spannen (der Steinbohrer kommt später).

Achtung: Bohrmaschine **nicht** auf »**Schlagen**« stellen, da sonst die Fliesenlasur splittert!

Bohrer mittig auf das Fadenkreuz setzen. Bei stufenloser Regelung ganz langsam anfangen zu bohren. Ohne Regelung auf niedrigste Umdrehung stellen oder Bohrmaschine stoßweise ein- und ausschalten, damit die volle Umdrehung nicht sofort erreicht wird. Immer darauf achten, dass du die Bohrmaschine im rechten Winkel zur Wand hältst, dabei keinen zu starken Druck ausüben, da sonst der Bohrer so heiß wird, dass er ausglüht. Damit dies nicht passiert, kühlst du zwischendurch den Bohrer mit kaltem Wasser ab (Glas, Tasse oder Büchse).

Wenn die harte Lasur der Fliese ganz durchbohrt ist, kommt die weichere Schicht der Fliese (erkennbar am meist roten Bohrstaub). Nun kommt der Steinbohrer zum Einsatz und die Bohrmaschine wird auf »Schlagen« gestellt. Die Bohrmaschine stets im rechten Winkel halten, denn durch Schräghalten/Verkanten kann es leicht zum Aussplittern der Fliese kommen.

Das Loch etwa einen halben bis ganzen Zentimeter tiefer als die Dübellänge bohren. Mit dem Staubsauger (Polsterdüse) das Bohrloch aussaugen. Den Dübel fliesenbündig einschlagen. Tesaband entfernen. Bleistift mit Lappen und Spucke, Filzstift mit Lappen und/oder Spucke/Nagellackentferner abwischen.

Falls du nicht unbedingt einen HSS-Bohrer über den Jordan jagen willst: Der Steinbohrer übersteht das »Anbohren ohne Schlageinstellung« bei ausreichender Kühlung ebenfalls ohne Schaden, und der Erfolg ist der Gleiche!!!

Fast fertig, ich bin richtig gut! Nur Kathrin hat etwas böse geguckt, als ich zu ihr gesagt habe: »Frau! Hol mir den Staubsauger!«

Aber war doch nur ein kleiner Scherz … Ich wollte eigentlich auch noch Haken für die Handtücher anbringen, aber die Vermieterin sagte, dass ich nur das Nötigste bohren und ansonsten doch bitte Haken mit Saugnäpfen verwenden soll.

Ich kenn die Dinger: Die fallen immer punktgenau runter, wenn man pitschnass unter der Dusche steht und seinen Arm rausstreckt, um sich das Handtuch zu schnappen. Habt ihr mir da nicht einen eurer genialen Tipps?

Saugnäpfe sicher befestigen mit Haarspray

★★★★☆

Wer kennt das nicht: Haken mit Saugnäpfen sind aus Wohnungen mit mieterseitigem Bohrverbot nicht wegzudenken, aber gerade im Bad fallen sie aufgrund der Luftfeuchtigkeit gerne runter. Dagegen hilft Haarspray: Dünn auf die Fliese sprühen, kurz (!) warten, dann den Saugnapf anbringen – fertig!

Was meint die Jury?

: Werde ich sofort ausprobieren, klingt einleuchtend ;-))

: Sooo einfach ist das???

: Was auch gut »saugt« ist Fett. Wer fettige Finger hat – die benutzen! Auch die Stirn bietet bei jedem Menschen ausreichend Fett (außer sie ist mit Make-up zugekleistert … *g*).

: Ich bestreiche die Saugnäpfe immer mit Eiweiß, wenn dieses dann getrocknet ist, gehen die Halter nicht mehr so schnell ab.

Und wenn wir schon mal dabei sind: Hier noch ein weiterer Tipp fürs Badezimmer:

Silikon-Fugen einfacher selbst herstellen oder erneuern

★ ★ ★ ★ ☆

Fugen mit Silikonmasse abdichten war früher eine elende Schmiererei. Ich musste immer wieder den Finger in Pril-Wasser tauchen und nach fünf bis zehn Zentimetern klebte trotzdem alles am Finger. Jetzt hat mir ein Freund in Italien einen super Tipp gegeben: Die Silikon-Masse erst wie gewohnt in die Fuge reinspritzen, aber dann das Ganze mit Glas-Reiniger aus einer Sprühflasche komplett einsprühen. Danach einmal mit dem Finger über die ganze Fuge ziehen – fertig.

Was meint die Jury?

: Funktioniert zwar auf den ersten Blick gut, jedoch sollte man am besten ganz wenig Spüli-Wasser nehmen, da es sonst hinter das Silikon fließt und die Haftung verhindert.

: Ich denk, das Problem bei dieser Vorgehensweise ist, dass die Ränder nicht »sauber« werden. Ich würde folgende Vorgehensweise vorschlagen: Silikon aufbringen wie bereits beschrieben, dann mit Spüli-Wasser das Silikon besprühen. Jetzt mit einem Magnum-Eis-Stiel oder einer gekauften Fugenhexe/Fugenfix Silikonfuge abziehen. Das heißt, ich muss beim Auftragen immer darauf achten, dass ich genug Material auftrage. Wichtig auch: Arbeitsgerät regelmäßig reinigen (Spüli-Wasser)! Jetzt einen Finger mit Spüli-Wasser befeuchten und leicht über die frisch abgezogene Silikonfuge streichen (zum Glätten). Fertig ist die perfekte Fuge.

: Ich mag kein Magnum-Eis.

So, das Badeparadies ist fertig. Radiohören beim Sch…, das ist einmalig! Jetzt mal schauen, wie es meiner Süßen beim Streichen des Esszimmers geht.

Ich bin mir sicher, wenn jetzt Ingo kommt, dann tritt er in die Farbkleckse und verteilt sie in der ganzen Wohnung.

Schmutzverteilung reduzieren

Beim Renovieren landet öfter mal (viel) Schmutz, Staub oder Farbe auf dem Boden. Um den Schmutz nicht überall zu verteilen, kannst du (billige) Fußballschuhe mit Gummi-Stollen (!) tragen. Durch die Stollen ergibt sich eine sehr viel geringere Kontaktfläche zum Boden. Dadurch kann sich hier nur wenig Schmutz ansetzen und in der Folge in anderen Räumen verteilt werden.

Was meint die Jury?

: Joo, und am Schluss den Trikottausch nicht vergessen …

: Klasse Idee! Aber noch besser sind Stelzen, da ist die Auflagefläche noch kleiner und gleichzeitig kann man bequem die Decke streichen.

O.k., falls ihr gerade keine Fußballschuhe zur Hand habt, hier noch ein »richtiger« Tipp:

Babyöl ins Wischwasser

Nach dem Renovieren kommt das leidige Säubern des Fußbodens an die Reihe. Doch meistens musst du mehrmals wischen, bevor der leicht schmierig-graue Dreckfilm – entstanden durch Farbreste beim Abwaschen der Deckenfarbe bzw. von verkleckerten Farbsegmenten beim Neustreichen – dann endlich restlos vom Fußboden verschwunden ist. Deshalb gib einfach in das warme Wischwasser mit etwas Spülmittel immer ein bis zwei Esslöffel Babyöl hinzu. Dann brauchst du nur einmal damit nachzuwischen und du hast wieder einen perfekt strahlenden Boden. Nebenbei ganz erfreulich: Selbst wenn du das Bodentuch mit den Händen auswringst, bekommen deine Hände von den Kalkpartikeln der Farbreste im Wischwasser keine raue Hautoberfläche mehr und auch die Fingernägel werden nicht mehr brüchig.

Was meint die Jury?

: Also dieser Tipp ist super!! Da wir momentan selber eine Streichbaustelle haben, sind wir dankbar für diesen Rat.

: Rutscht man denn nicht aus?

: Es ist doch auch Spülmittel mit drin im Wischwasser, also erübrigt sich deine Frage wohl!

Komplettlösung – Richtig streichen

1. Alle Böden abdecken. Dabei nicht unnötig sparen und zu dünne Folie verwenden.
2. Kanten und Ecken vorstreichen. Am besten mit kleiner Rolle. Pinsel nur dort verwenden, wo du mit der Rolle nicht hinkommst. Pinselgestrichenes sieht nämlich anders aus als das, was mit der Rolle gestrichen wurde.

Ganz wichtig: Immer nur ein Stück vorstreichen, damit das Vorgestrichene nicht trocknet, bis die Fläche gestrichen wird. Immer nass in nass streichen, damit du keinen Ansatz bekommst, den du immer siehst.

3. Beim Streichen der Wand die Farbrolle nie ganz in den Eimer tunken, sondern immer nur stückweise eintauchen. Dann über Abstreifgitter rollen bis zum nächsten Stück. Darauf achten, dass die Rolle nie ganz leer ist, sonst nimmt sie Farbe von der Wand wieder auf. Auch hier gilt: Immer nass in nass streichen.

He, wer hat denn das Licht ausgeschaltet? Ach, es ist schon halb zehn Uhr abends? Wahnsinn, wie die Zeit vergeht, wenn man sich in einen solchen Streichrausch reinsteigert. Dafür ist jetzt fast alles weiß, Esszimmerwände, Boden, Gang, Waschbecken. Und Kathrin hat richtig graue Haare bekommen! Dazu dann noch diese schicken weißen Sommersprossen. So sieht sie wahrscheinlich in vierzig Jahren aus … Jetzt nur noch kurz die Pinsel und Farbrollen auswaschen, dann ab nach Hause ins Bett.

Noch »kurz« die Farbpinsel auswaschen? Ich bin inzwischen fast weggedöst vor Müdigkeit, aber Ingo steht seit einer geschlagenen halben Stunde im Bad und bearbeitet die Pinsel! Das dauert ja ewig, wie viel Farbe ist denn da drin?

Liebe Kathrin und lieber Ingo,
wisst ihr, warum man die Pinsel und Farbrollen auswäscht? Klaro, damit die Farbe nicht eintrocknet. Die Kandidaten haben hundert Punkte. Es gibt aber auch eine deutlich einfachere Methode, um das Eintrocknen zu verhindern. Und Wasser sparen könnt ihr obendrein:

**Austrocknen von Pinseln
verhindern: Frischhaltefolie** ★ ★ ★ ★ ★

Um das Austrocknen von Pinseln und Farbwalzen während einer Pause, oder weil du dringend etwas erledigen musst, zu verhindern: einfach in Frischhaltefolie einwickeln. Die Walze oder der Pinsel bleiben so stundenlang feucht.

Was meint die Jury?

: Nicht nur Stunden. Wenn man außerdem die Luft unter der Frischhaltefolie herausdrückt und das Ganze etwa mit einer Klammer verschließt, bleibt der Pinsel wochenlang feucht!

*Jetzt bin ich heute Morgen schon mal ohne Ingo in unsere neue Wohnung. Der ist völlig platt und horcht noch an der Matratze. Heute sind das Schlafzimmer und das Wohnzimmer an der Reihe. Das geht jetzt sicher etwas schneller, ich bin ja schon geübt.
Och ne, oder? Gerade habe ich mir das Wohnzimmer mal genauer angeschaut, und das sieht ja aus, als hätten die hier eine Schießerei veranstaltet: Mindestens zwanzig Löcher mit versenkten Dübeln. Die haben ja richtige Bohr-Orgien veranstaltet, um ihr Eiche-rustikal-Sideboard »Königssee« gegen Erdbeben der Stärke acht zu sichern! Die kann ich nicht drinnen lassen, das sieht ja hinterher doof aus. Aber wie kriege ich die da raus, ohne mir meine Fingernägel total zu ruinieren?*

**Dübel entfernen
mit dem Korkenzieher** ★ ★ ★ ★ ☆

Dübel entfernst du am besten mit einem Korkenzieher. Also: Reindrehen (nicht zu tief, sonst spreizt sich der Dübel im Loch auf) und dann gemütlich herausziehen.

Was meint die Jury?

⁝ Daran werd ich denken, wenn ich das nächste Mal in der Wand rumpule.

⁝ Für einen handwerklichen Vollidioten wie mich der richtige Tipp.

⁝ Hab ich probiert, hat leider nicht geklappt, obwohl es mehrere Personen (nein, nicht nur Frauen) versucht haben. Aber dafür ist seitdem mein guter Korkenzieher verschwunden, schnief!

⁝ Korkenzieher verschwunden? Das muss ja ein Riesen-Dübel gewesen sein!!!

⁝ Hihi … nein, er wurde nur während des Umzugs, weil er eben für die Dübel gebraucht wurde, anscheinend irgendwie zum Müll getan, und weg isser.

⁝ Zum Herausziehen des Dübels nehme ich immer eine Schraube, drehe sie nur wenig ein, sodass sie gerade hält, und ziehe dann den Dübel an der Schraube mit einer Zange heraus.

Nicht übel! Nachdem ich heute Morgen etwas schlecht aus den Federn gekommen bin, hat Kathrin in der neuen Wohnung so richtig Dampf gemacht. Wohnzimmer und Schlafzimmer sind fertig gestrichen. Klasse! Aber mal unter uns: Eigentlich ist dieses ganze kreative Gepinsel ja sowieso Frauenarbeit. Die können das besser. Jetzt wird die Krönung der Schöpfung mal wieder zu echter Männerarbeit übergehen: Bohren und Dübeln!

Also, wie war das? Löcher anzeichnen, bohren, Dübel rein. Hoppla, da ist ja plötzlich der ganze Dübel in der Wand verschwunden.

Was ist das denn für ein Pfusch am Bau? Und das Loch, das ich gerade gebohrt habe, sieht aus wie ein mittlerer Granateneinschlag. Tolle Bausubstanz, echt!

Dübel in bröckeligem Putz

Sicher kennen das einige Altbau-Bewohner: Du bohrst ein Loch für 'nen Dübel; beim Reinschrauben bricht das Loch aus, und eine Menge Putz bröckelt extra noch mit heraus – Bohrung unbrauchbar! Nicht ganz. Du kannst die Bohrung von Staub befreien und dir ein Stückchen nicht zu hartes Holz zurechtschnitzen, im Durchmesser so groß wie das Loch, in der Länge so tief. Das steckst du ins Bohrloch (eventuell vorher das Loch noch etwas vertiefen), und darin sollte die Schraube nun halten. (Ohne Dübel nun natürlich!) Notfalls noch etwas Gips zum Glätten drauf.

Was meint die Jury?

: Hab ich schon mehrmals probiert – Sch… war's, das Holz dreht sich mit, aber die Schraube geht nicht rein.

: Das geht auch so: Mit der Heißklebepistole in das zu große oder bröckelige Loch (vorher sauber machen!) reichlich Heißkleber hineinpressen (nicht den elastischen Kleber!). Sobald genug Heißkleber im Loch verschwunden ist, sofort den Dübel hinterherschieben und abwarten, bis das Ganze abgekühlt ist. Dann halten auch Schrauben.

: Gute Idee!! Oder nach dem Bohren Loch mit Moltofill schließen, einen mit Kerzenwachs gefüllten Dübel hinterher und trocknen lassen. Dann Schraube rein, das hält auch bombig.

Noch ein Tipp zum Bohren:

Zu tief bohren verhindern ★ ★ ★ ★ ☆

Damit du dich beim Löcherbohren in Holz oder Wand nicht verschätzt und eventuell zu tief bohrst, wickelst du farbiges Klebeband an der Stelle um den Bohrer, bis wohin er eindringen soll. Das ist besonders zu empfehlen, wenn du mehrere gleich tiefe Löcher bohren willst.

Was meint die Jury?

: Das geht auch einfacher: Indem man weiß, was man will und tut. Und etwas aufpasst.

: Genau. Oder den Abstand gleich an der Schlagbohrmaschine einjustiert …

: Oder einen Korken draufstecken (machen aber auch nur Anfänger).

: Klasse Tipp für ungeübte Handwerker.

Super, jetzt klappt's auch mit den Dübeln! Nun können wir uns endlich an den Aufbau dieses Regalsystems machen. Das war nicht ganz billig, obwohl wir es bei einem großen skandinavischen Einrichtungshaus gekauft haben. Heißt »Gönnar« oder »Höltrop« oder so. Früher soll das mal »preiswert« gewesen sein, wie es immer so schön heißt. Heute ist es dort hauptsächlich voll. Vor allem samstagsmorgens um elf. Na, da freut man sich doch richtig aufs Zusammenbauen zu Hause.

Lieber Ingo,
alter Schwede, das ist ja mal eine sportliche Einstellung! Wir kennen sonst keine noch lebende oder bereits gestorbene Person, die sich jemals auf den Zusammenbau eines Ikea-Regalsystems gefreut hätte. Jedenfalls haben wir noch einen kleinen Tipp, der dir bei deiner neuen Herausforderung hilft.

Blaue Daumennägel verhindern

Wer hat sich nicht schon einmal bei dem Versuch, einen kleinen Nagel mit dem Hammer einzuschlagen, auf die Fingernägel gehauen? Besonders beim IKEA-Regal-Rückwand-Montieren passiert so etwas gern.

Einfache Abhilfe: Die Hand umdrehen! Also Handfläche zum Heimwerker, den Nagel zwischen Zeige- und Mittelfingerspitze festhalten. Vorteil: Der Nagel ist leichter senkrecht zu halten und wenn ein Schlag mal nicht genau trifft, ist der Daumennagel nicht gleich blau. Man sollte dabei natürlich nicht zu stark draufkloppen, sondern den Nagel erst mit leichten Schlägen fixieren und dann loslassen.

Noch ein Rat: Den Hammer RICHTIG halten! Also nicht den Zeigefinger oder Daumen oben auf den Hammergriff legen, sondern den Hammer am Ende des Griffs fest mit einer (!) Faust halten.

Was meint die Jury?

: Seit Neustem sind bei Ikea so Halterungen dabei für die kleinen Rückwandnägel. Unbedingt in den Werkzeugkasten wandern lassen, die kann man immer wieder brauchen …

: Am besten den Daumen zwischen Hammer und Nagel, dann hat man nicht so laute Klopfgeräusche.

⁞   Noch 'n Tipp: Wer sich wundert, warum er mit dem Hammer nie trifft, sollte ihn mal umdrehen. Wenn man NICHT die spitze Seite nimmt, geht's leichter und tut beim Danebenhauen auch weniger weh.

⁞   Also, ich hab mir beim Nägeleinhauen noch NIEMALS auf die Finger gekloppt ... und ich bin eine FRAU!!!!

Wir wohnen. Endlich! Wie schön! Die ersten Tage und Nächte in der neuen Bleibe für mich, meine Süße, meine zukünftigen Kinder und potenziellen Haustiere waren ein Traum – vor allem weil wir so total erschöpft waren, dass wir fast nur gepennt haben. Außerdem hat der Begriff Muskelkater für mich eine ganz neue Qualitätsstufe erreicht. Ich würde das eher »Muskeltiger« nennen oder »Muskellöwe«. Jedenfalls taten mir Muskeln weh, von deren Existenz ich niemals zuvor gehört hatte. Und alle anderen haben aus purer Solidarität auch wehgetan.

Aber als wir dann wieder zu unserem normalen Schlafpensum zurückkehren wollten, ging es eines Abends los: Der Wasserhahn im Bad tropfte. Diese Wohnung ist so schön ruhig, dass man das richtig toll hört. Ich springe auf, knall den Hahn richtig fest an ... und es tropft trotzdem. Danach habe ich einen Spülschwamm ins Waschbecken gelegt, aber der war nach kurzer Zeit so vollgesogen, dass es wieder getropft hat. Hölle, Hölle, Hölle! Irgendwie hat das die ganze romantische Stimmung kaputt gemacht. Habt ihr da nicht eine Idee?

Wasserhahn tropft

 ★★★★☆

Wem ein tropfender Wasserhahn auf die Nerven geht, der kann sich folgendermaßen helfen, bis der Monteur gekommen ist oder man sich ein neues Eckventil gekauft hat. Weil das Auffangen zu uncool ist, kann man auch ganz einfach einen Bindfaden um den Schwenkauslauf knoten. Die Tropfen rieseln lautlos am Strick herunter, und es ist Ruhe. Kommt auch bei Besuchern gut an.

Was meint die Jury?

: Kleine Dichtungsringe gibt's in jedem Woolworth-Laden (und auch woanders). Meist ist es 'ne Schachtel mit zig verschiedenen kleinen Dichtungen; eine passende ist sicher dabei.

: Vor dem Austauschen der alten gegen die neue Dichtung aber bitte das Wasser (an einer Stelle VOR dem Hahn) zusperren.

: Ich würde den Wasserhahn ja reparieren, aber ich kann die Abstellschraube unter dem Waschbecken kein Stück bewegen.

 Lösen festgerosteter Schrauben und Muttern

Statt Rostlöser einfach mit Coca-Cola behandeln, wirkt Wunder.

Was meint die Jury?

: Geht auch Sinalco? :-))

: Klappt sogar mit Vita-Cola!

: Club-Cola auch?

: Wer viiiiel Zeit hat nimmt Cola, aber wenn's schneller gehen soll, hilft nur Rostlöser.

Liebe Kathrin, lieber Ingo,

wir freuen uns, dass bei euch alles so gut geklappt hat, und wünschen euch ein schönes Wohnen und Leben in euren vier Wänden! Hier noch ein kleiner Tipp, falls euer Waschmittel in der gemeinsamen Waschküche des Mehrfamilienhauses schneller abnimmt als bisher. Sagt aber niemand, dass dieser Tipp von uns kommt.

Abhilfe bei Waschmittelklau

Meine Nachbarin hat immer in der gemeinsamen Waschküche mein Waschmittel geklaut. Dann hab ich in mein eigenes Waschmittel blaue Textilfarbe getan, das fällt bei Pulver kaum auf! Als sie sich bei ihrer nächsten Wäsche wieder bei meinem Waschmittel bedient hat, hat sie im wahrsten Sinne ihr »blaues Wunder« erlebt und konnte noch nicht mal was sagen, sie hätte sonst ja selbst verraten, dass sie mein Waschpulver klaut!

Was meint die Jury?

: Gemein, aber wahrscheinlich hoch wirksam.

: Warum nimmt man das Waschmittel nicht einfach mit in die Wohnung? Alles andere wäre mir viel zu umständlich!

: Das gibt es in ähnlicher Form auch in anderen Bereichen: Bei Holzdiebstahl: Ein Scheit anbohren, Schwarzpulver rein, Loch unauffällig verschließen. Bei Haarshampoo: Enthaarungscreme untermischen.

: Enthaarungscreme erfüllt bereits den Tatbestand der Körperverletzung.

: Wieso ist Enthaarungscreme im Shampoo Körperverletzung – es braucht ja nur niemand anderes zu benutzen … selber schuld!

: Na ja, bevor ich mir mein komplettes Waschmittel selbst unbrauchbar mache, lass ich mir lieber einen Löffel voll klauen.

: Erinnert mich irgendwie an den alten Spruch: »Heut hab ich die Bahn aber gründlich verarscht! Hab mir 'ne Karte gekauft und bin dann mit dem Auto gefahren!«

FINANZEN & VERSICHERUNGEN

Dieses Anbohren des Wasserrohrs war nicht so witzig. Ich habe das Wasser zwar schnell abgestellt bekommen, aber das Rohr musste natürlich vom Installateur ersetzt werden. Klar, das habe ich bezahlt, ist ja keine Frage. Aber ein wenig Feuchtigkeit scheint doch den Weg in die Wohnung unserer Nachbarn einen Stock tiefer gefunden zu haben. Dort ist im Wohnzimmer ein großer feuchter Fleck zu bewundern und der Ölschinken »Röhrender Hirsch« ist jetzt eher ein »Bellender Seehund«. Jedenfalls rief gerade unsere Vermieterin an und bat mich, deshalb meine Versicherung zu benachrichtigen. Ich versprach ihr natürlich alles und rief auch gleich bei meiner Lebensversicherung an. Doch da war ich anscheinend falsch, jedenfalls habe ich das wiehernde Lachen der Sachbearbeiterin am anderen Ende der Leitung in dieser Hinsicht gedeutet. Aber das ist die einzige Versicherung, die ich habe. Könntet ihr mir mal auf die Sprünge helfen, Jungs?

Lieber Ingo,
den Namen »Kaiser« hast du aber schon mal gehört, oder? Das ist der, der sogar die verrückten Fans mit Afroperücke bei der WM versichert. Schade, dass er es offensichtlich noch nicht bis zu dir geschafft hat. Versicherungen sind ziemlich wichtig, auch wenn das Prinzip seltsam ist: Warum solltest du für etwas bezahlen, von dem du dir nichts sehnlicher wünscht, als dass es nie eintrifft. Dennoch gibt es ein paar Versicherungen, die man – auch in jungen Jahren – abschließen sollte.

Komplettlösung – Versicherungen

Hausratversicherung

Eine Hausratversicherung versichert dein Hab und Gut (Möbel, Haushaltselektronik, Kleidung, Nahrungsmittel und so weiter). Also alles, was aus deiner Wohnung rausfällt, wenn du sie auf den Kopf drehst und kräftig schüttelst. Schutz besteht weiterhin bei Schäden durch Feuer, Leitungswasser, Sturm, Hagel, Einbruchdiebstahl, Raub und Vandalismus. Aufräumungskosten, Schutzkosten und Hotelkosten sind ebenfalls enthalten. Man kann auch weitere Fälle einschließen wie etwa Fahrraddiebstahl.

Es gibt allerdings einen Mindestbetrag pro Quadratmeter (meist 650 Euro), der dir hilft, grob deinen Besitz zu beziffern. Versicherst du deinen Hausrat unter dieser Summe, so kann es sein, dass deine Versicherung im Schadensfall nicht alles zum Neuwert erstattet. Versicherst du deinen Hausrat mit dieser Summe (oder mehr), so verzichtet die Versicherung auf Unterversicherung. Das heißt: Im Schadensfall bekommst du den Neuwert der zerstörten Gegenstände ohne Probleme zurück.

Unfallversicherung

Eine Unfallversicherung ist sehr sinnvoll, obwohl viele Menschen denken, sie sei nicht nötig. Sie übernimmt aber wichtige Kosten nach einem Unfall, die die normale Krankenversicherung nicht übernimmt. Vor allem bei physischen und psychischen Folgeschäden nach einem Unfall zahlt diese Versicherung. Weiterhin gibt es Entschädigungen durch Geldleistungen, Zahlung für Verstorbene oder Renten. Eine Unfallversicherung kostet nicht die Welt und ist im Ernstfall wirklich Gold wert!

Berufsunfähigkeitsversicherung

Diese Versicherung ist ein absolutes MUSS. Der Staat hat seine Leistungen in diesem Bereich inzwischen so zurückgefahren, dass eine private Zusatzversicherung unbedingt notwendig ist, um diesen Fall hinreichend abzusichern. Die Berufsunfähigkeitsversicherung zahlt eine vereinbarte Berufsunfähigkeitsrente, falls man körperlich oder psychisch nicht mehr in der Lage sein sollte, seinen Beruf auszuüben. Oft lohnt es sich, die Berufsunfähigkeitsversicherung als Zusatz zu einer Lebensversicherung abzuschließen, was aufgrund abweichender Rückstellungsvorschriften durchaus günstiger sein kann. Es ist sehr ratsam, diese Versicherung früh abzuschließen, da oft schon mit Anfang dreißig so manches Zipperlein chronisch werden kann (jaja, das Alter!). Und dann ist es zu spät, weil keine Versicherung mehr jemanden auf Berufsunfähigkeit versichert, der bereits dauerhafte Krankheiten hat. Auch wenn diese subjektiv noch gar nicht schlimm sein sollten.

Darüber hinaus gibt es natürlich noch Unmengen von Versicherungen, die freiwillig sind. Manche Menschen lassen sich sogar ihren Allerwertesten versichern. Fakt ist, dass du ein gesundes Maß finden solltest aus »ausreichend versichert« und »ich bin der beste Freund meines Versicherungsvertreters«. Mit gesundem Menschenverstand lässt sich hier gut argumentieren.

Tipp: Wenn du den Herren Kaiser et al. nicht traust, weil die doch nur ihre Versicherungen an den Mann oder die Frau bringen wollen, dann kannst du dich bei den Verbraucherzentralen unabhängig informieren oder beraten lassen. Dort stehen keinerlei wirtschaftliche Interessen hinter etwaigen Empfehlungen, sondern nur das Wohl des Verbrauchers. Mehr Infos findest du unter: www.verbraucherzentrale.info

Na, da haben wir aber Glück, dass ich eine Hausratversicherung habe. Der Ingo ist schon ein ganz schöner Schluri in diesen Dingen, aber so sind die Männer halt mal.

Eins zu null für euch! Wenn wir gerade auf dem Spießertrip sind: Wie sieht's eigentlich mit Altersvorsorge aus? Muss ich mir da auch schon Gedanken machen? Was mache ich mit dem vielen Geld, das ich jetzt durch meinen neuen Job bekomme? Ich würde ja gerne mit Kathrin sooo viel machen.

Lieber Ingo,
Altersvorsorge wird immer wichtiger. Wir können davon ausgehen, dass das Wort »Rente« in ein paar Jahren aus dem Duden gestrichen wird. Das heißt jetzt natürlich nicht, dass du deine gesamte Kohle auf die hohe Kante legen sollst. Aber jeden Monat was wegsparen, wenn man gerade mehr verdient als man braucht, ist sicher nicht dämlich. Aber das Thema »Geldanlage« ist ein verflixt weites Feld. Grundsätzlich musst du dir darüber klar werden, wie risikobereit du bei der Anlage deiner sauer ersparten Kröten sein möchtest. Das geht von »Ich will keinen Cent Verlust machen« bis zu »Alles oder nichts«. In diesem Anlagebereich kann man sich heutzutage bewegen.

Früher war das anders. Weshalb auch heute noch besonders risikoscheue Personen und Schwaben gerne zum klassischen »Bauschbarverdrägle« greifen. Hier vereinbart man eine Bausparsumme, die zu einem vertraglich festgelegten Prozentsatz angespart wird. Hast du den Prozentsatz erreicht, so kannst du die Differenz als Bauspardarlehen aufnehmen, musst du aber nicht. Gibt es gute Zinsen und hast du nicht die Absicht, das Geld für eine »wohnwirtschaftliche Maßnahme« einzusetzen, lohnt es sich, den Bausparvertrag einfach weiterlaufen zu lassen. Das Problem: In Zeiten von geringen Sparzinsen bekommt man auch hier nur Zinssätze, die die Inflation kaum oder nicht ausgleichen. Ein Vorteil hingegen: Der Bausparvertrag ermöglicht auch den Erhalt von »vermögenswirksamen Leistungen« (das heißt, dein Arbeitgeber bezuschusst deinen Bausparvertrag) und der Wohnungsbauprämie, die eine der Säulen der staatlichen Wohnungsbauförderung in Deutschland ist.

Insgesamt ist dies zur Zeit nicht mehr das Mittel der Wahl, um einfach nur Geld zur Seite zu legen und anzusparen. Es sei denn, man möchte später unbedingt Baueigentum erwerben.

Inzwischen gibt es nämlich viele weitere Spar- und Anlagemöglichkeiten, von denen unsere Eltern noch nicht mal geträumt hätten. Eine sehr beliebte Möglichkeit sind die Tagesgeldkonten, die eigentlich fast jede Bank anbietet. Hier erhält man Zinsen, die meistens knapp über der Inflationsrate oder auf gleicher Höhe liegen. Der Vorteil: Man kann täglich über das Geld verfügen und hat keinerlei offene oder verdeckte Kosten wie bei solchen Sparprodukten wie dem Bausparvertrag. Es gibt normalerweise weder Mindestlaufzeit, noch muss regelmäßig Geld eingezahlt werden. Das Risiko ist hierbei gleich Null.

Zum Thema »Risikoreiche Anlagen« wollen wir hier nur so viel sagen: In diesem Bereich gibt es keine einfachen Antworten und Empfehlungen. Gründliches Informieren bei verschiedenen Anbietern, die dir Angebote auf euer Bedürfnisprofil zuschneiden, ist sicher der richtige Weg. Und auch hier wieder der Verweis auf die unabhängigen Verbraucherzentralen, denn leider wollen die Finanzdienstleister nicht immer nur dienstleisten, sondern auch ihre Produkte verkaufen. Eine Beratung zum Thema Geldanlage durch einen freien Finanexperten vermittelt die Verbraucherzentrale für etwa 120 bis 180 Euro. Und diese Geldanlage lohnt in jedem Fall!

»Schaffe, schaffe, Häusle baue,
Butterbrot statt Schnitzel kaue,
denn wer nicht den Pfennig ehrt,
der wird nie ein Dagobert.«

So hat's schon vor zwanzig Jahren die Erste Allgemeine Verunsicherung gesungen.
Bei mir als Studentin ist das ja alles noch nicht so akut. Wirklich akut ist immer nur mein Kontostand. Wie kann ich denn mal ein bisschen Geld hier sparen in der neuen Wohnung? Da gibt's doch bestimmt eine Menge Tipps. Klar, ich lass beim Zähneputzen das Wasser nicht laufen, aber das kann's ja wohl nicht gewesen sein? Habt ihr da was auf Lager? Aber bitte kein »Geiz ist geil«-Gesülze. Denn das geht mir echt auf den Zeiger.

Na, da haben wir doch genau den richtigen Tipp für dich!

 Videorecorder zu teuer?

Videorecorder zu teuer? Einfach einen Toaster längsseits unter den Fernseher legen – deine Freunde werden keinen Unterschied feststellen.

Was meint die Jury?

: Da bekommt der Ausdruck »CD brennen« doch gleich eine ganz andere Bedeutung.

: Ich hab das ausprobiert. Aber meine Freunde haben's gemerkt und mich ausgelacht.

: Und damit es besser wirkt, nehmen wir statt des Fernsehers eine handelsübliche Mikrowelle *g*.

: Waschmaschine als Fernseher wäre auch nicht schlecht, dann hat man wenigstens eine vielfältige Programmauswahl.

Liebe Kathrin,

okay, war nicht ganz der Hit, aber ein bisschen Spaß muss sein. Trotzdem könnt ihr mit ein paar kleinen Verhaltensänderungen bereits etliche Euro im Jahr sparen – und ihr liegt damit voll im Trend. Nicht umsonst ist das Bewegungsmanifest »Einfach die Welt verändern – 50 kleine Ideen mit großer Wirkung« ein Bestseller. Vor allem bei den Strom- und den Heizkosten ist Einsparpotenzial vorhanden. Klar, als Mieterin hast du nicht immer Einfluss auf die Ausstattung in deiner Wohnung. Es hängt immer noch vom Besitzer ab, ob er etwa moderne Brennwertheizkessel verwendet, die einen Wirkungsgrad von bis zu 95 Prozent haben. Außerdem kannst du nicht einfach so die Wände isolieren und doppelt verglaste Fenster einsetzen. Dennoch gibt es auch für dich »Stellschrauben«, die du selbst justieren kannst. So lässt sich der eine oder andere Euro ohne großen Aufwand sparen!

Richtig heizen

Entgegen populärer Meinung ist es besser, eine herkömmliche Thermostat-Gasheizung auf Stufe zwei einzustellen (wenn's super kalt ist lieber auf Stufe drei) und immer anzulassen, auch wenn man mal ein oder zwei Tage weg ist. Auch nachts sollte die Heizung etwas aktiv sein. Wenn du allein lebst, dann kannst du auch tagsüber, während du weg bist, auf Nachtbetrieb stellen. Dann bekommen auch die Wände und Möbel die Temperatur, und die Wärme bleibt länger gespeichert. Die Heizung ist dann meist trotzdem eher kühl. Sonst müsste die Heizung immer wieder komplett auf Stufe vier oder fünf hochheizen.

Beim Lüften kann man sie dann auch mal kurz ausmachen, aber dann sollte man auch die Fenster richtig aufreißen und dafür nur ein paar Minuten lüften (man will ja nicht draußen heizen). Das zieht man am besten in der ganzen Wohnung durch. Stichwort: Stoßlüften!

Was meint die Jury?

⁞ Man sollte die Heizung aber mindestens auf den Froststern einstellen, nicht niedriger. Ansonsten könnten im Winter bei Minustemperaturen die Heizungsrohre Schaden nehmen.

⁞ Genau so ist es richtig! Die Heizung nur ausmachen, wenn man länger als eine Woche weg ist!

⁞ Es gibt für Heizungen, egal ob Gas oder Öl, eine Zeitschaltuhr. Habe sie seit 25 Jahren und spare dadurch eine Menge Gas. Bei mir schaltet sie sich um zehn Uhr abends automatisch ab und heizt in der Nacht 15 Grad. Morgens um sechs Uhr schaltet sie wieder ein. Man kann sie so einstellen, wie man es persönlich braucht.

⁞ Ja, man trifft hier auch auf Leute, die schon vor 25 Jahren genügend Intelligenz im Hirn hatten.

Eigentlich ist Energie und Strom sparen relativ einfach. Wenn du zum Beispiel die Raumtemperatur um ein Grad Celsius absenkst, reduzierst du deine Heizkosten um sechs Prozent! Nicht schlecht, wenn man bedenkt, dass du dafür statt im T-Shirt im Pullover in der Wohnung chillen musst. Selbst dein Wasserkocher hat Sparpotenzial. In Großbritannien hat man ausgerechnet, dass unnötig volle Wasserkocher genauso viel Energie fressen wie die gesamte Straßenbeleuchtung. Du denkst jetzt vielleicht: »Aber das sind ja immer nur winzige Beträge, die ich als Einzelner sparen kann.« Nicht ganz. Kleinvieh macht eben auch Mist, und wenn du tatsächlich ein paar Euro im Jahr sparen willst, dann musst du einfach nur mehrere Sparmöglichkeiten gleichzeitig verwirklichen.

Wieder beim Heizen lassen sich zehn bis zwanzig Prozent

durch den so genannten hydraulischen Druckausgleich des Heizungssystems erreichen. Die Heizkörper werden optimiert, indem durch Ventile die Druckverhältnisse angeglichen werden. Das Ergebnis: Es wird weniger Wasser benötigt, um die Heizkörper zu erwärmen. Dieser Druckausgleich ist eigentlich schon seit zehn Jahren vorgeschrieben, wird aber kaum durchgeführt. Einfach mal deinen Vermieter fragen.

Alte Fenster preiswert isolieren

In Altbauten befinden sich häufig alte und undichte Fenster oder Türen. Diese lassen sich mit einfachen Maßnahmen kostengünstig in ihrer Wärmebilanz verbessern. Wenn du dir unsicher bist, einfach vorher deinen Vermieter um Erlaubnis fragen!

1. Fensterdichtung: Alte Fenster verfügen über keinerlei Dichtung zwischen Rahmen und Zarge. Wenn du hier ein Dichtungsband aus Gummi oder Schaumstoff anbringst, verhinderst du den Luftzug.
2. Türleisten: Bei Türen kannst du zusätzlich zu Dichtungen eine Dichtleiste gegen Durchzug unter der Tür anbringen.
3. Fensterfolie: Bei alten Fenstern mit nur einer Scheibe kann auf den Rahmen eine Fensterfolie geklebt werden. So entsteht die für die Isolierung wichtige Luftschicht zwischen Außen- und Innenscheibe, was extrem viel Heizkosten sparen hilft. Es gibt Folien, die per doppelseitigem Klebeband am Rahmen angebracht werden. Der Clou: Die Folie zieht sich beim anschließenden Föhnen so glatt, dass sie quasi als zweite Scheibe nicht mehr sichtbar ist.

Die Materialien gibt es im Baumarkt oder gelegentlich auch günstig bei eBay!

Was meint die Jury?

⁞ Der Tipp unter erstens ist nicht so gut. Besser ist die Abdichtung mit Silikon. Eine Fensterseite wird gut gereinigt. Dann Silikon aufspritzen. Mit Küchenfolie abdecken, und Fenster 24 Stunden schließen. Der Überschuss wird herausgedrückt. Nach dem Aushärten mit einem Messer den Überschuss abschneiden.

⁞ Nimm lieber Acryldichtungsmasse, die lässt sich später problemlos erneuern. Mit dem Silikon werden Ausbesserungen schwierig, weil frisches Silikon auf alten Silikonresten nicht haftet.

⁞ Sanitärsilikon ist (im Gegensatz zu Acryl!) gegen Schimmelbildung geschützt. Kann wichtig sein, wenn an alten Scheiben Wasser kondensiert und sich »unten sammelt«.

⁞ Das mit der Fensterfolie klappt super, haben dadurch auch schon viel sparen können. Wenn die Folie heil bleibt, hält sie mehrere Jahre und ist für Mieter eine super Einsparmöglichkeit.

Neben dem Heizen ist der Strom eine weitere Möglichkeit, Geld zu sparen. Dass alte Kühlschränke ausgesprochene Stromfresser sein können, hat sich sicher auch schon bis zu euch herumgesprochen. Neue Kühlschränke mit den Energiestufen A, A+ oder gar A++ verbrauchen meist halb so viel Strom wie ein alter Kühlschrank und sind auch noch doppelt so groß. Auch Spül- und Waschmaschinen sind schon sehr optimiert, was den Energieverbrauch anbelangt. Hier gibt es nicht mehr viel zu holen. Deshalb solltet ihr euer Augenmerk auf den Kühlschrank und die anderen elektrischen Geräte in eurem Haushalt richten.

Strom sparen im Haushalt

1. Trockner sind Stromfresser. Dies lässt sich optimieren, indem man eine Waschmaschine mit hoher Drehzahl nutzt, da die Wäsche dann trockner aus der Maschine kommt. Steht ein Trocknerkauf an, am besten ein Gerät mit Wärmepumpetechnik (funktioniert wie ein »umgedrehter« Kühlschrank) oder – noch besser – mit interner Gasheizung kaufen. Ergebnis: mindestens fünfzig Prozent weniger Energieverbrauch.

2. Geräte mit Stand-by-Funktion: also Geräte, die 24 Stunden am Tag am Netz hängen (Fernseher, Telefonladestation, Handy- und Notebook-Ladegeräte, PC, DSL-Router. Kurz: Alles, was irgendwo warm wird). Falls möglich diese Geräte ausschalten, so oft es geht, vor allem beim Urlaubsantritt. Die Deutsche Energie-Agentur (Dena) beziffert den Verbrauch solcher Geräte im Durchschnitt auf 70 Euro/ Haushalt im Jahr. Es gibt auch Stand-by-Geräte, die eine automatische Stop-Funktion haben. Das heißt, die Dinger schalten sich nach einer gewissen Stand-by-Zeit von selbst aus. Auch empfehlenswert: Mehrere Geräte an eine Steckerleiste mit Abschaltfunktion anschließen, etwa im Arbeitszimmer. Dann ist alles mit einem Handgriff an oder aus.

3. Neue Wasch- oder Spülmaschine benötigt? Auf den Energieverbrauch achten. Es gibt neben der Stufe A inzwischen auch die Stufen A+ und A++!

Hört sich ja nicht schlecht an. Vor allem Ingos PC samt Kabelberg werde ich mit ihm mal genauer unter die Lupe nehmen! Gibt's außer Heiz- und Stromkosten noch ein paar gute Tipps, die wir gebrauchen könnten?

Liebe Kathrin,

Kompaktleuchtstofflampen (auf Deutsch: Energiesparlampen) sind natürlich auch ein Punkt, den du nicht vernachlässigen solltest. Der Vorteil der Energiesparlampen ist ihre hohe Energieausbeute und die lange Lebensdauer. Die Energieausbeute bei Energiesparlampen ist nämlich etwa 500 Prozent höher als bei normalen Glühbirnen! Bei gleicher Helligkeit führt das zu einer Einsparung von ungefähr achtzig Prozent Strom. Darüber hinaus leuchten die Dinger bis zu fünfzehnmal länger als normale Glühlampen. Die Lebensdauer ist auf der Verpackung angegeben und liegt in der Regel bei 5000 bis 15 000 Stunden. Diese Zahlen machen die hohen Anschaffungskosten mehr als wett. Zumal es die Lampen immer öfters sehr günstig im Supermarkt deines Vertrauens gibt. Es gibt inzwischen sogar unterschiedliche (weiße) Lichtfarben, so dass die Dinger auch nicht mehr so hässlich leuchten. »Extra-warmweiß« entspricht dabei ungefähr der Farbe einer normalen Glühbirne.

Es gibt aber auch einen kleinen Nachteil: Technisch bedingt bringen Energiesparlampen erst ein bis zwei Minuten nach dem Einschalten die volle Helligkeit. Dieser Nachteil wird aber durch die hohe Schaltfestigkeit neutralisiert. Stiftung Warentest (5/2003) hat nachgewiesen, dass sich gute Modelle über 193 000-mal ein- und ausschalten lassen, ohne dabei das Zeitliche zu segnen. Schaltfeste Lampen haben normalerweise auch eine längere Lebensdauer.

An dieser Stelle muss auch mit dem Vorurteil aufgeräumt werden, dass Energiesparlampen beim Start übermäßig viel Energie verbrauchen. Das ist kompletter Humbug – der Mehrverbrauch ist praktisch nicht messbar und fällt im Geldbeutel erst recht nicht auf.

Feine Sache. Aber könnt ihr mir nicht noch sagen, welche Energiesparlampe ich kaufen muss, damit sie einer normalen 60-Watt-Glühbirne entspricht?

Liebe Kathrin,
wir wären nicht die »Muttis« und »Vatis«, wenn wir das nicht auch parat hätten.

Umrechnung: Glühbirne – Energiesparlampe

15 Watt	3–5 Watt
40 Watt	7–9 Watt
60 Watt	11–13 Watt
75 Watt	15–18 Watt
100 Watt	20 Watt

Übrigens, da du diese Tabelle nicht immer dabei hast, kannst du auch folgende Faustformel verwenden: Normal-Wattzahl durch vier = Energiespar-Wattzahl. Ungefähr zumindest. Kopfrechner sind klar im Vorteil!

Stromtechnisch hast du damit schon das meiste ausgereizt. Beim Wasser gibt es aber auch ein paar kleine Tricks und Kniffe.

Wasser sparen mit dem Wasserhahn

★ ★ ★ ★ ☆

Wasser sparen leicht gemacht: Einfach den Zulaufhahn unterm Waschbecken etwas zudrehen, sodass der Wasserdurchlauf so minimiert wird, dass man den Wasserhahn an sich so weit aufdrehen kann, wie man will, es kommt nur die unter dem Becken eingestellte Menge heraus!

Du wirst dich wundern, wie viel das aufs Jahr spart!

Was meint die Jury?

⁝ Guter Tipp, da kann man dann unter der Dusche von Tropfen zu Tropfen springen, das macht voll fit.

⁝ Ist ja auch das Waschbecken gemeint und nicht die Dusche.

⁝ Super Idee, wer achtet schon darauf, wie doll man den Wasserhahn beim Händewaschen aufdreht?

⁝ Bei mir nimmt der Vermieter die (Jahres-)Wasserrechnung fürs ganze Haus und verteilt den Betrag auf den Nebenkosten-Abrechnungen – je nachdem wie viele Personen in jedem Haushalt leben. (Schätze mal in den zwölf Wohnungen leben gut zwanzig Leute.) Wenn ich Wasser spare und ein paar andere verbrauchen Wasser wie blöd, muss ich also trotzdem blechen. Warum soll ich mir das also antun?

⁝ Da war doch was: Sind Vermieter nicht inzwischen per Gesetz verpflichtet, das Wasser pro Haushalt (jeweils mit eigener Wasseruhr) abzurechnen?! Meiner hat die Uhr vor einem Jahr setzen lassen – und sicher nicht freiwillig! Würde das an deiner Stelle unbedingt nachprüfen.

⁝ Ich finde den Hahn nicht :-(

⁝ Dann nimm doch die Henne!

Ansonsten musst du nur ein bisschen kreativ sein. Wenn du zum Beispiel warmes Wasser zum Spülen ins Waschbecken füllst und das Wasser immer ein bisschen braucht, bis es warm ist, dann stelle so lange einfach deine Gießkanne drunter. Dann kannst du gleich deine verkümmerten Zimmerpflanzen aufpäppeln und das Wasser ist nicht sinnlos im Abfluss verschwunden. Und hier kommt noch ein Tipp, der jetzt nicht Unmengen an Geld spart, aber unheimlich gut fürs Karma ist!

Das falsche Buch geschenkt bekommen?

Mal wieder das falsche Buch von Omi zum Geburtstag bekommen? Neben Weiterschenken gibt's noch die Möglichkeit, den Schmöker der örtlichen Bücherei zu spenden. Die freuen sich (haben eh kein Geld), und alle haben was davon. Englische und fremdsprachige Sachen gibst du einfach in der örtlichen Schule ab.

Was meint die Jury?

: Sehr soziale Einstellung. Das lob ich mir. Endlich mal einer der wenigen, die nicht aus jedem Dreck Geld machen wollen. Ich werde es in Zukunft genauso angehen.

: Man kann sie auch für teures Geld bei eBay verchecken!

: Dann versuch mal unbekannte Bücher da loszuwerden!

: Die richtige Präsentation bringt's, da muss halt eine gute Beschreibung her!

: Man kann sie aber auch bei www.tauschticket.de tauschen ... Wobei, spenden ist doch edler.

: Super Idee. Habe gerade meine Charles-Bukowski-Sammlung in der örtlichen Grundschule abgegeben.

Du siehst, die Grenze zwischen Geldsparern und Weltverbesserern verläuft fließend und das Wohl unserer Erde rückt bei vielen Menschen immer mehr in den Fokus. Die Organisation »We Are What We Do« hat sich vorgenommen, die »Menschen zu inspirieren mit alltäglichen Dingen die Welt zu verbessern«. Auf ihrer Website www.wearewhatwedo.org (bzw. www.wearewhatwedo.de für Deutschland) fragen sie: »Schweine werden heute mit sechs Monaten und 110 Kilogramm geschlachtet. Vor 200 Jahren dauerte es noch fünf Jahre, bis Schweine 65 kg wogen. Sehr mysteriös. Irgendjemand Schinken zum Spargel?« Was du tun willst, ist dir natürlich freigestellt.

Schinken hin oder her. Vielen Dank für die Tipps, Jungs! Gerade kam Ingo nach Hause. Der hat vielleicht eine Geschichte erzählt – DAS nenn ich sparen!

He, ich war eben in der Stadt im Kaufhaus, wo mir folgendes passiert ist: Ich stand in der CD-Abteilung, hab mir meinen Lieblingssong ausgesucht und bin damit zur Kasse. Nach dem Bezahlen bin ich einfach rausgelatscht. Dummerweise piepste die Sicherheitsschleuse und da war schon einer von diesen unauffälligen Kaufhausdetektiven, die immer »wie b'schtellt ond net abgholt« mit Kelly-Family-CDs zwischen den Regalen rumstehen, vor mir, schaute mir tief in die Augen und bat mich in sein Büro. Keiner Schuld bewusst, bin ich dem Herrn hinterhergedappt. »Tasche leeren!«, befahl er. Ich tat wie geheißen, aber da war nichts. Natürlich darf so ein Detektiv keine Personenkontrolle durchführen. Also hat er die Polizei angerufen, die mich durchsucht hat. Auch die fanden nichts. Kunststück! Ich habe ja auch nichts geklaut, und meine CD war bezahlt! Inzwischen stand ich eine gute Stunde in dem Büro. Nachdem die Polizei verschwunden war, fragte ich den Detektiv, wer mir denn meine Zeit entschädigen würde, die mir hier verloren gegangen ist? Er zuckte mit den Achseln, ließ mich gehen, und mein nächster Weg führte direkt zum Abteilungsleiter des Marktes. Als ich ihm die Geschichte erzählt hatte, entschuldigte er sich höflichst und gab mir als Wiedergutmachung einen Einkaufsgutschein in Höhe von fünfzig Euro! Bin natürlich stolz wie Bolle nach Hause gegangen. Beim Ausziehen der Schuhe entdeckte ich dann, dass so ein dämlicher CD-Sicherheitsstreifen an meiner Schuhsohle klebte, und hab mich halb tot gelacht. Also, wenn ihr irgendwo mal so ein Ding auf dem Boden liegen seht, tretet drauf, der Versuch ist es wert!

Lieber Ingo,
so kann man natürlich auch sparen. Allerdings sind hier die Grenzen zur Illegalität schnell überschritten. Aber bei dir wundert uns gar nichts mehr ...

JOB & KARRIERE

So was von frustrierend! Gerade hatte ich mein erstes – und für dieses Jahr wahrscheinlich letztes – Vorstellungsgespräch. Und das ging total in die Hose. Oder vielleicht besser gesagt: in den Rock, denn auf Ingos Rat hin habe ich mein konseravtivstes dunkelblaues Kostüm angezogen. Ich fand das anfangs keine gute Idee, gerade weil ich mich in der »kreativen« Branche bewerbe. Aber Ingo stellte ein paar »investigative Nachforschungen« im Internet und bei Kumpels an und meinte schließlich, dass ich kleidungsmäßig besser auf Nummer sicher gehen sollte. Und so habe ich dann doch zur Business-Variante gegriffen.

Ich hatte ja keine Ahnung, aber als der Art-Director beim Bewerbungsgespräch mit ausgeleiertem T-Shirt (vornedrauf stand »Ich bin schizophren« – und hinten »Ich auch!«) und Viereinhalb-Tage-Bart antanzte, wäre ich am liebsten im Boden versunken. Super Ingo, toller Tipp! Ich habe mich total unwohl gefühlt und von da an lief es auch gründlich schief.

Liebe Kathrin,
das ist natürlich dumm gelaufen! Gerade heute, wo Jobs so zahlreich gesät sind wie zufällig vergessene 500-Euro-Scheine im Geldautomaten. Aber Kopf hoch, das war sicher nicht dein letztes Vorstellungsgespräch, und außerdem hast du ja schon eine Menge gelernt, zum Beispiel, dass dein Freund nicht immer Recht hat. Aber zunächst wollen wir dir ein paar Tipps geben zum Bewerben.

Komplettlösung – Bewerbung

Der Lebenslauf

Am besten tabellarisch aufgliedern. Du beginnst mit den **Persönlichen Daten**: Name, Adresse, Telefon, E-Mail, Geburtsdatum und -ort sowie Familienstand und Kinderzahl. Nicht nötig ist der Hinweis auf Papa und Mama und ob die Hausfrau oder Lokomotivführer sind. Danach kommen in der Regel die Daten, meistens umgekehrt chronologisch, sprich: das aktuellste kommt zuerst, denn das ist meist auch das von Interesse. Also beginne mit **Berufserfahrung**: Hier bitte schön knapp, aber präzise. Firmennamen nicht kürzen! Und eine kurze Erläuterung der Tätigkeit (»Selbständige Abwicklung von zwei Projekten …«) kann auch hilfreich sein. Danach folgen **Schule und Studium/Ausbildung**. Hier bitte auf das Notwendige beschränken. Den Grundschulaufenthalt kann man weglassen, ebenfalls nicht nötig sind Notenangaben der Abschlüsse. Dafür liegen ja die Zeugnisse bei. Jetzt geht's zu dem Punkt **Weiterbildung und Praktika**: Wenn man schon viel in dieser Richtung gemacht hat, zählt eine schlaue Auswahl dessen, was für den angestrebten Job relevant ist. Hat man noch nicht so viel aufzuweisen, kann man diesen Punkt eventuell auch ganz weglassen – vor allem dann, wenn die bisherigen Praktika so gar keine Verbindung zur jetzigen Tätigkeit haben. Zum Abschluss kommen die **Besonderen Kenntnisse**: Hier gehören Sprachfähigkeiten, EDV-Kenntnisse und Hobbys hin. Auch hier sollte das Banale zugunsten des Aussagekräftigen weggelassen werden (schlecht: Mitglied im Fußballverein; besser: Trainer der Jugendmannschaft).

Hier wie auch insgesamt gilt natürlich: Möglichst nahe an der Wahrheit bleiben, denn es ist fatal, im Vorstellungsgespräch beim Lügen entlarvt zu werden. Das gilt für die Lücken im Lebenslauf genauso wie für die Eigenbewertung der Sprachkenntnisse!

Tipp: Versuche, nicht mehr als eine Seite dafür zu benötigen.

Das Anschreiben
Es ist das Herzstück der ganzen Bewerbung. Hier machst du Werbung für dich, auf eine ganz direkte Weise. Während der Lebenslauf von Bewerbung zu Bewerbung kaum verändert werden muss, sollte das Anschreiben grundsätzlich individuell an jedes Unternehmen und jede Stellenausschreibung angepasst werden. Wie gehst du dabei vor? Als Erstes liest du die Stellenausschreibung gründlich. Und zwar wirklich gründlich! Dabei markierst du dir mit dem Textmarker die Anforderungen, die an den Bewerber gestellt werden (Berufserfahrung, Qualifikationen, Teamgeist ...). Wenn es mehr als vier sind (und das sind es in der Regel), dann greifst du im Anschreiben die wichtigsten heraus und zeigst anhand deiner bisherigen Tätigkeiten, dass du der oder die Richtige für den Job bist. Vermeide dabei unbedingt die Wiederholung der Formulierungen aus der Anzeige!

Tipp: Lasse die üblichen Floskeln (»Hiermit bewerbe ich mich ...«, »Über ein Vorstellungsgespräch würde ich mich sehr freuen ...«) einfach weg. Das lesen die Personaler etwa hundertmal am Tag. Außerdem wirkt dein Anschreiben dadurch viel klarer und total straight.

Zeugnisse
Hier gilt das Prinzip: Was du im Lebenslauf aufführst, sollte auch belegt sein. Ausnahme: Bei einem 35-Jährigen muss das Abi- oder Ausbildungszeugnis von vor 15 Jahren nicht mehr dabei sein. Aber mindestens alle bisherigen Arbeitstätigkeiten müssen lückenlos dokumentiert sein!

**Originelle und billige Bewerbungs-
fotos auf dem Kopierer**

Wer schnell, billig und originell Bewerbungsfotos machen möchte, dem empfehle ich den Gang in den nächsten Copyshop. Dort einfach den Kopf im Profil auf einen beliebigen Kopierer legen – und abdrücken. Das Ergebnis ist zugegebenermaßen skurril, aber dafür witzig! Hinterher aber bitte die Fettflecken vom Kopierer wischen, sonst wird die nette Bedienung im Copyshop sauer. Eignet sich am besten für Bewerbungen bei Werbeagenturen und – Copyshops!

Was sagt die Jury?

: Sicher noch wirksamer und lustiger: Sich mit heruntergezogener Hose auf den Kopierer setzen.

: Das ist sicher eine gute Methode, um KEINEN Job zu bekommen.

: Und wo bewirbst du dich mit diesen Fotos: in der Geisterbahn?

: So würden wir dich auf jeden Fall zu einem Bewerbungsgespräch einladen. Kreativ ist das nämlich, und genau so was wird in der Werbebranche gebraucht. Lass dich nicht von den anderen beeinflussen. Kreative Ideen sind ein MUSS heutzutage.

Das ist ja alles schön und gut, aber zunächst brauche ich dringend wieder mal ein Vorstellungsgespräch. Was kann ich denn da machen?

Liebe Kathrin,
probier's doch mal damit:

Persönliche Kontakte nutzen

Wer nach der Schule einen Job oder Ausbildungsplatz sucht, steht häufig total auf dem Schlauch. Nicht nur weil er nicht weiß, was er machen will, sondern auch weil Arbeitsplätze bekanntlich etwas knäpplich sind.

Mein Tipp: Nicht verkrampfen, sondern erst mal systematisch eine Liste machen, auf der alle Leute draufstehen, die du kennst und die einen Job haben. Danach überlegst du dir der Reihe nach, bei welchen dieser Betriebe du dir vorstellen könntest zu arbeiten oder eine Ausbildung zu machen. Und wenn du das weißt, dann rufst du den- oder diejenige an und erzählst ihm von deinem Vorhaben.

(PS: Wenn die Liste leer ist, dann solltest du dich vielleicht direkt bei einer Kontaktbörse als Telefonist bewerben.)

Was sagt die Jury?

: Wenn's so einfach wäre!

: Bei mir hat das so funktioniert. Kann ich nur empfehlen.

: Es lebe die Vetterles-Wirtschaft, wie es bei uns im Ländle so schön heißt. Aber so läuft's halt überall. Ein wenig traurig, aber wahr. Deshalb: Schon richtig, der Tipp.

Super, vielen Dank! Der Onkel meiner Nichte dessen Schwager dritten Grades hat mir doch tatsächlich ein Vorstellungsgespräch besorgt! Die Firma ist sogar bei mir um die Ecke. Nächste Woche ist es so weit, ich bin schon tierisch aufgeregt, weil es das letzte Mal so dumm gelaufen ist ...

Also, ich glaube ja nicht, dass es das Outfit gewesen ist –

Lieber Ingo,
halt! Besser, du sagst jetzt einfach nichts mehr. Wir haben hier die wichtigsten Punkte zum Thema Vorstellungsgespräch zusammengefasst.

Komplettlösung – Vorstellungsgespräch

Gratuliere! Du hast ein Vorstellungsgespräch. In der Regel braucht es dazu 23,56 Bewerbungen (eigene Erhebung). Jedenfalls ist dies eine tolle Chance, um vielleicht kurz- oder langfristig zu einem vollwertigen Lohnsteuerzahler aufzusteigen. Hier sind die wichtigsten Regeln, um beim Vorstellungsgespräch Erfolg zu haben.

Viel bewerben!
Wer sich viel bewirbt, bekommt auch mehr Vorstellungsgespräche. Klingt logisch und ist auch so. Deshalb bewirb dich ruhig auch auf weniger attraktive Stellen. Wenn du dort zum Gespräch eingeladen wirst, kannst du erstens wichtige Erfahrungen sammeln und zweitens ist der Job ja vielleicht auch ganz anders, als es in der Stellenausschreibung rüberkam. Am besten setzt man sich deshalb bei der Jobsuche konkrete Ziele: etwa wöchentlich fünf Bewerbungen zu verschicken. (Aber Vorsicht: nicht unrealistisch werden!)

Cool bleiben & gut vorbereiten
Das gehört direkt zusammen: Denn nur wer sich gut vorbereitet, der ist später im Gespräch auch cool genug, um einen souveränen Eindruck zu hinterlassen (es sei denn, man ist von Natur aus so eine coole Sau – aber warum liest du das dann?). Zur richtigen Vorbereitung gehört zunächst das Sammeln von allen möglichen Informationen über das Unternehmen und den Job, auf den du dich beworben hast. Nutze dabei alle Möglichkeiten: Internet, Bekannte, Freunde, Feinde, Gerüchte… Außerdem spiele das Vorstellungsgespräch ruhig mal mit einer Freundin oder einem Freund durch. Das ist zwar in den ersten fünf Minuten total schräg, hilft aber später ungemein.

Im Gespräch: freundlich, offen, sympathisch
Auch das mag selbstverständlich klingen. Ist es aber nicht! Denn meistens ist man in einer solchen Situation nervös, verschlossen und hektisch. Deshalb hilft es sehr, sich eine positive Aura anzutrainieren. Dazu sollte man sich klar machen, dass man gerne in dieses Gespräch geht (eigentlich ist es ja eine tolle Sache!) und dass man nichts zu verlieren hat (vorher hatte man keinen Job und schlimmstenfalls hat man auch hinterher keinen – was hat man also verloren? Genau: nichts!). Während des Gesprächs ist es gut, immer wieder auf eine offene Körperhaltung, den direkten Blickkontakt und eine langsame, aber deutliche Sprechweise zu achten. Es ist auch keine Schande, nach einer Frage ein wenig nachzudenken. Vielleicht nicht unbedingt nach der Frage: »Wann haben Sie Ihren Schulabschluss gemacht?« Aber in jedem Fall darfst du Pausen machen. Das wirkt wohldosiert und deutlich selbstbewusster als hektische Antworten, bei denen du nicht so genau weißt, was du sagen willst.

Das war jetzt vielleicht etwas abstrakt, aber es ist unmöglich, für alle Branchen und Stellen einheitliche und vor allem konkrete Handlungsanweisungen zu geben. Aber vielleicht hilft dir ja auch das:

 Kleine Anleitung für ein versautes Vorstellungsgespräch

1. Komme mindestens 20 Minuten zu spät und gib auf keinen Fall telefonisch durch, dass du Verspätung hast. Wenn du dann ankommst, jammerst du darüber, dass du dir immer vier Wecker stellst, aber trotzdem regelmäßig verschläfst.
2. Guck dir am besten im Internet an, wie die Leute in dem Laden angezogen sind. Und ziehe dann einfach das Gegenteil an. Du willst in einem alternativen Buchladen oder einer Autowerkstatt anfangen? Dann unbedingt Nadelstreifen, Gel in die Haare und Krawatte! In einer Bank am besten casual mit T-Shirt und Jeans!
3. Schau während des Gesprächs immer wieder demonstrativ aus dem Fenster und verschränke die Arme. Toll ist es natürlich auch, wenn du Kaugummi kaust. Überhaupt solltest du mindestens einmal auf eine Frage antworten: »Ähh ... könnten Sie das wiederholen? Ich habe gerade nicht zugehört.«
4. Wenn man dich nach deinen beruflichen Zielen fragt, nenne genau jene Stelle, die der Fragesteller gerade innehat. Oder auch gut: »Ich will einfach nur, dass alle ›Chef‹ zu mir sagen!«
5. Zum Abschluss ist es wichtig, einen nachhaltigen Eindruck zu hinterlassen: Deshalb solltest du dich bei der Verabschiedung unbedingt nach dem Namen deiner Gesprächspartner erkundigen (»Hat mich sehr gefreut, Frau ... wie war doch gleich Ihr Name?«). Außerdem solltest du an deinem Händedruck arbeiten: bei Männern schlaff und feucht (vielleicht nasses Taschentuch in die Hosentasche stecken), bei Frauen dagegen richtig Schmackes geben, Marke Schraubstock.

6. Beim Hinausgehen ist es gut, etwas Wichtiges zu vergessen: die Aktentasche oder, noch besser, die Brille oder die Armbanduhr (kann man während des Gesprächs unauffällig ausziehen und unter den Tisch fallen lassen). Da hat man einen guten Grund, in den nächsten Tagen erneut vorbeizuschneien!

Was meint die Jury?

: HA HA HA HA HA!!!!!!!! Echt gut!!! Gefällt mir.

: bissie kindisch …

: Trink ich doch besser paar Schluck Bier vorher und hab mir das ganze Getue und viel Zeit gespart.

: So hast du es auch gemacht, was? Und mysteriöserweise bist du auch noch arbeitslos … woher das wohl kommt?

Das sind ja bescheuerte Tipps, da kann ich auch gleich wieder Ingo fragen …

Aber Süße, man soll es so genau nicht machen. Das ist der Witz dabei. Das habe ja sogar ich kapiert. Aber wo wir schon dabei sind, hätte ich noch ein paar Ideen, was man alles falsch machen kann …

Lieber Ingo,
lass lieber mal stecken! Die Anleitung war ja wirklich nicht ganz ernst gemeint. Aber hier kommen noch einige konkrete Tipps.

Besser keine Online-Bewerbung ★ ★ ☆ ☆ ☆

In Zeiten der allgemeinen Ver-E-Mailung schicken immer mehr Leute ihre Bewerbung auf elektronischem Weg. Das ist schön einfach und billig. Hat aber leider einige handfeste Nachteile:

1. Oft landet die Bewerbung im Spam-Filter der Unternehmen. Dann war alles für die Katz. Denn nicht jeder Personaler kämmt täglich seine 200 Spam-Mails durch.
2. Zur besseren Handhabung druckt der Personaler die Bewerbung doch aus. Dann landet dein tolles Anschreiben vielleicht auf popeligem Papier aus der hausinternen Zweitverwertung und wird mit einer rostigen Büroklammer notdürftig zusammengeschustert. Das sieht definitiv scheiße aus.
3. Die Versuchung, schnell mal per Mail einige Bewerbungen »rauszuhauen«, ist auf diesem Weg auch viel größer. Und dann schickt man solche Standard-Mappen durch die Welt, die sofort auf dem Abgelehnt-Stapel landen, weil sie zu lieblos sind.

Also mein Tipp: In jedem Fall mindestens auch per Post verschicken (vorher natürlich schön ausdrucken, ordentlich Korrektur lesen und angemessen verbriefmarken!).

Was meint die Jury?

: Falscher Titel. »E-Mail« ist nicht gleich »online«. Per E-Mail ungefragt Bewerbungen zu schicken, ist in der Tat nicht so schlau, kann aber trotzdem klappen.

: »Online Bewerben« heißt in Deutschland meistens sich per Web-Formular des Unternehmens zu bewerben. Aber auch dann kann es per Mail geschehen, falls die Firma das so wünscht.

: Dass man seinen Lebenslauf in die großen Online-Portale (Monster, Jobware, Arbeitsagentur etc.) einstellt, ist sowieso Pflicht. Aus eigener Erfahrung kann ich sagen, dass die Firmen bzw. die Headhunter dort sehr aktiv nach Bewerbern suchen.

: Zum Thema Offline- vs. Online-Bewerbung generell: Es hängt stark von der Branche ab, aber zumindest im Ingenieur-Bereich wird zu 90 Prozent eine Online-Bewerbung bevorzugt. Spart nämlich Zeit und Geld auf beiden Seiten.

: Hmm, ich bin »nur« ein Mädchen, aber meine Erfahrung ist eine ganz andere. Okay, ich bewerbe mich täglich wenn es geht, sonst krieg ich auch Ärger mit der Agentur für Unfähigkeit. Und meine E-Mail-Bewerbungen sind erwünscht, da ich meistens
a) mir den entsprechenden Ansprechpartner nennen lasse, so er nicht bereits in der Ausschreibung genannt ist;
b) schau mal bitte genau in die Ausschreibungen, da steht heute fast immer »Ihre Bewerbung senden Sie bitte per E-Mail an«.
c) jeder Personaler, der KEIN Papier kriegt, freut sich, so kann er selbst entscheiden, ob die Bewerbung für ihn interessant ist, und wenn sie es ist, dann kann er sie noch immer ausdrucken.

Kohle für Bewerbungskosten

Gerade wenn du auf der Suche nach einem Ausbildungsplatz oder arbeitslos gemeldet bist, erstattet das Arbeitsamt, pardon die Arbeitsagentur, gewisse Kosten, die du hast. Wichtig dabei ist jedoch, dass du die Kosten VORHER bei der BA anmeldest (geht auch formlos per Telefon).

Man kann in einem Rahmen bis zu 500 Euro pro Jahr Kosten für Kopien, Bewerbungsfotos, Fahrten zum Gespräch u. a. erstattet bekommen. Ist allerdings nur eine Kann-Leistung und hängt entsprechend von der finanziellen Situation der örtlichen Agentur ab.

Was meint die Jury?

⁝ Das war mal … ich war im letzten Jahr arbeitslos, und zumindest bei uns sieht das Ganze etwas anders aus. Der Höchstsatz für die Erstattung von Bewerbungskosten liegt inzwischen bei ca. 280 Euro, den genauen Betrag hab ich nicht mehr im Kopf. Inzwischen kann man auch nicht mehr die Quittungen für Fotos, Kopien etc. einreichen, sondern bekommt für jede Bewerbung 5 Euro pauschal. Allerdings muss man mit Antwortschreiben nachweisen, dass man sich dort auch wirklich beworben hat. So ist es zumindest bei uns, mag sein, dass es hierbei noch regionale Unterschiede gibt.

⁝ Echt – mit ANTWORTSCHREIBEN? Also mit just dem Ding, das man in aller Regel heutzutage gar nicht mehr geschickt kriegt, nicht mal mit Ablehnung, geschweige denn auch nur seine Unterlagen zurück?! Wie lebensnah! Kann man mal sehen, wie sehr die »umstrukturierte« BA ihre Hand am Puls der Zeit hat.

⁝ Presseinfo der Bundesagentur für Arbeit:
»Die Agentur für Arbeit kann in der Regel Kosten, die durch die Erstellung und Versendung von Bewerbungen entstehen, übernehmen.«
Die Erstattung der Bewerbungskosten – gemeint sind hier in erster Linie die Aufwendungen für Bewerbungsfotos und das Porto – ist aber an bestimmte Voraussetzungen (gesetzliche Regelungen) gekoppelt:

- Eine Antragstellung – telefonisch oder persönlich – muss unbedingt vorher, das heißt bevor die Kosten entstehen, bei der Agentur für Arbeit erfolgen.
- Es werden nicht die tatsächlich entstandenen Kosten, sondern

für jede nachgewiesene Bewerbung 5,00 Euro erstattet. Als NACHWEIS gelten Antworten auf Bewerbungsschreiben, Einlieferungsbelege der Post und so weiter.
- Im Jahr können nicht mehr als 260 Euro Bewerbungskosten pro Person von der Agentur für Arbeit gezahlt werden.

Bewerbungen mit Europass ★ ★ ★ ★ ★

Wer sich bewerben will, kann seinen Lebenslauf und andere Dokumente mit Hilfe von Europass erstellen. Diese sind von der EU-Kommission veröffentlichte Formulare, die europaweit verwendet werden können und auch bei Bewerbungen im Inland gut ankommen dürften. Auf der Webseite werden auch Beispiele für Lebensläufe gezeigt.
Link: http://europass.cedefop.europa.eu

Was meint die Jury?

: Guter Tipp !!!

: yo

: Hab da noch eine viiiiieeel bessere Seite im Netz!
www.netzeitung.de/arbeitundberuf
Mit Abstand informativer!!!

Nachdem ich das Telefon abgenommen habe, wird mir klar, dass das Klingeln von woanders kommen musste. Es ist mitten in der Nacht! Also so halb sieben Uhr morgens. Unter meinem Teddy finde ich dann den Übeltäter: böser böser Wecker, wer hat dir denn gesagt, dass du mich stören sollst? Ich lege mich wieder hin und schlummere fast schon wieder – da fällt es mir plötzlich wie Schuppen aus den Haaren: Heute ist mein erster Tag im neuen Job!

Hechtsprung aus dem Bett, Sprint ins Bad und danach zwei extrastarke Dosen Koffein. Mein Körper reagiert mit Verspätung auf diesen Reiz, aber dafür umso durchschlagender: Den Rest der Zeit verbringe ich mit Durchfall auf dem Klo. Nicht so die optimale Vorbereitung für den Beginn einer steilen Karriere, aber einen aufstrebenden Highpotential wie mich kann so was doch nicht aus der Erfolgsspur bringen!

Schließlich habe ich einen endgeilen Job an Land gezogen. Na ja, eigentlich hat man mich gefragt, ob ich die Abteilungsleitung übernehmen möchte. Keine große Sache, nur drei Untergebene, aber immerhin: ab heute bin ich CHEF! Auf dem Weg zum Bus grüble ich noch darüber nach, ob ich meinen Kollegen das Du anbiete oder ob sie mich doch besser »Hochwürden« oder »Erleuchteter« nennen sollen. Da fällt mir plötzlich ein, dass ich ja an einem anderen Standort arbeite und die U-Bahn nehmen muss! Nur dass ich jetzt schon seit etwa zehn Minuten hier rumstehe, weil der Bus auch noch Verspätung hat. Mist. Ok, Erleuchteter ist vielleicht etwas hoch gegriffen, aber wie wär's mit »Gnadenreicher«? Ist doch auch nicht schlecht.

Lieber Ingo,
herzlichen Glückwunsch zu deinem Karriereschritt. Aber vielleicht solltest du dich zunächst auf Wichtigeres konzentrieren: pünktlich zu kommen am ersten Arbeitstag wäre so eine erste Maßnahme. Überhaupt gibt es jede Menge Fallen und Fettnäpfchen in den ersten Tagen im neuen Job. Die solltest du in jedem Fall weiträumig umgehen. Denn zunächst gilt es ja, die Probezeit gut zu überstehen. Oft muss man noch wichtige Dokumente beim neuen Arbeitgeber einreichen. Deshalb kommt hier eine nützliche Liste:

Dokument	Ist schon da	Fehlt noch	Brauch ich nicht
Lohnsteuerkarte			
Sozialversicherungsnachweis			
Bescheinigung deiner Krankenkasse (öffentliche oder private)			
Ärztliches Attest			
Schulzeugnisse			
Ausbildungszeugnisse			
Hochschulzeugnisse			
Arbeitszeugnisse von ehemaligen Arbeitsstellen			
Lebenslauf			
Passbilder z. B. für Job-Ticket			
Kontoverbindung			
Arbeitserlaubnis (für Ausländer oder im Ausland)			
Sonstiges			

Oh, verflixt, die Lohnsteuerkarte, daran habe ich gar nicht mehr gedacht. Ich habe mich so auf die farbliche Abstimmung meiner Socken mit der Krawatte konzentriert (schließlich bin ich etwas farbenblind, aber das soll keiner merken!).

Lieber Ingo,
tja, dafür hast du ja uns. Und damit du im Dschungelcamp Probezeit nicht frühzeitig rausfliegst, kommen hier noch ein paar wertvolle Tipps.

Das Erster-Tag-im-neuen-Job-Survival-Kit

Saubere und passende Klamotten:
Zum neuen Job solltest du auch richtig gut gekleidet auflaufen. Das heißt nicht nur farblich und stilmäßig abgestimmt (hier lieber einmal zu viel zuverlässige Freunde fragen), sondern es sollte auch alles frisch gewaschen und gebügelt sein.

Frische Frisur und Rasur:
Der Gang zum Friseur sollte möglichst schon in der Vorwoche stattfinden. Und für Männer gilt natürlich auch: Nur frisch rasiert bzw. mit gepflegtem Barthaar aufkreuzen!

Dezenter Duft:
Kein Muss, aber ein Kann: Ein dezentes (!) Duftwässerchen schadet nie. Allerdings bitte unbedingt in der Geruchsrichtung sowie der Dosierung zurückhalten. Wer sich keinen Duft anziehen will, sollte in jedem Fall daran denken, ein Deodorant zu verwenden – denn der Stress der neuen Umgebung lässt einen auch im Winter ordentlich saften.

Angepasste Umgangsformen:
Jetzt bitte nicht unbedingt cool sein wollen! »Ey Alder« ist in den nächsten Wochen nicht angesagt. Bei der Begrüßung von neuen Kollegen am besten die Hände schütteln und sich laut und deutlich mit Nachnamen vorstellen. Wenn der Kollege fragend schaut, kann man noch eine Erklärung nachschieben: »Ich bin der/die neue Sachbearbeiter/in in der Abteilung ...«

Easy Häppchen für den Umtrunk
Irgendwann muss man bei einer neuen Arbeitsstelle ja immer seinen Einstand feiern. Wenn man nicht viel Geld ausgeben möchte und trotzdem mit Selbstgebackenem punkten will, dann ist dieses Rezept genau das richtige:

Du brauchst (für etwa zehn Kolleginnen und Kollegen):
2 Rollen fertigen Blätterteig aus dem Supermarkt
2 Packungen Kräuterfrischkäse (à 250 g)
200 g gekochten Schinken
200 g Lachs

Und so geht's:
Den Blätterteig auf der Arbeitsfläche aufrollen. Mit dem Frischkäse komplett bestreichen. Schinken und Lachs schön gleichmäßig darauf verteilen. Den Blätterteig wieder aufrollen und in etwa daumendicke Scheiben schneiden. Danach ab in den Ofen und bei 200 Grad etwa 20 Minuten backen. Fertig!

So, Ingo, und falls es dir mal langweilig wird, haben wir hier noch etwas ganz Besonderes für dich.

Bürospiel: Traust du dich eh nicht ★★★★☆

Mit dem Bürospiel »Traust du dich eh nicht« werden wir alle viel mehr Spaß bei der Arbeit haben!
Und so geht's: Nach dem »Traust du dich eh nicht«-Punktesystem gibt es für die nachstehenden Leistungen die genannten Punktzahlen. Wer am Tagesende die meisten Punkte hat, hat gewonnen:

Jeweils 1 Punkt gibt's hierfür:
– Eine Runde in voller Geschwindigkeit um alle Schreibtische laufen.
– Laut im WC stöhnen und seufzen, während sich mindestens 1 Nichtspieler in der Toilette befindet.
– Die ersten 5 Kollegen, die einen »Guten Morgen« wünschen, einfach ignorieren.
– Jemanden in der Firma, den man nicht kennt, anrufen und sagen: »Ich wollte nur sagen, dass ich momentan keine Zeit habe zu reden« – und auflegen.
– Das Ende einer Unterhaltung durch das Zuhalten beider Ohren signalisieren.
– Mindestens 1 Stunde mit offenem Hosenstall herumlaufen.
– Jeden, der einen darauf hinweist mit der Bemerkung »Ich habe es aber lieber so«, abservieren.
– Den Weg zum und vom Kopierer seitwärts gehen.

3 Punkte gibt's hierfür:
– Zum Chef sagen »Ich finde Sie cool!« und dabei mit den Fingern eine abfeuernde Pistole imitieren.
– An einem verregneten Tag mit verspiegelter Sonnenbrille erscheinen und diese den ganzen Tag nicht abnehmen.
– Unverständliches Zeug auf einen Auszubildenden einreden und dann sagen: »Hast du das alles verstanden? Ich hasse es, wenn ich mich wiederholen muss.«

- Wahllos laut Zahlen in den Raum rufen, wenn jemand etwas zählt.
- Die volle Kaffeetasse eines Kollegen von dessen Schreibtisch nehmen und kommentarlos die Büropflanze damit gießen.

5 Punkte gibt's hierfür:
- Am Ende einer Besprechung vorschlagen, dass alle zusammen händehaltend ein »Vater unser« beten. Extra Punkte gibt's, wenn man selbst damit anfängt.
- Abends zu einem Workaholic ins Büro gehen und das Licht zehnmal aus- und wieder anmachen.
- Jeden, mit dem man spricht, mindestens eine Stunde lang »Herbert« nennen.
- Bei der nächsten Besprechung laut ankündigen, dass man kurz raus muss, um »groß« zu machen.
- Jeden Satz mit dem Wort »Alder« in einem ziemlich harten Akzent beenden. »Der Bericht liegt auf dem Tisch, Alder.« Mindestens 1 Stunde durchhalten.
- Während der Abwesenheit eines Kollegen dessen Stuhl in den Lift fahren.
- In den Tagesplaner eines Kollegen eintragen: »Wie findest du mich in Strumpfhosen?«
- Folgende Unterhaltung mindestens zehnmal hintereinander mit irgendeinem Kollegen führen: »Hast du das gehört?« – »Was?« – »Egal, ist nicht so wichtig.«
- Während einer wichtigen Telefon-Konferenz mit einem Akzent sprechen (sächsisch, hessisch, platt, bayerisch).
- Klopapier aus der Hose hängen lassen und echt überrascht sein, wenn jemand darauf hinweist.
- Den Teilnehmern bei einer Besprechung Kaffee und Kekse hinstellen und dann jeden Keks mit der Hand zerbröseln.
- Playmobilfiguren bei Besprechungen gemäß der Sitzordnung anordnen und, wenn jemand sich meldet oder was sagt, die betreffende Figur dazu bewegen.

Was meint die Jury?

⁞ *Tränen wegwisch* Brauchst bloß Beamte als Kollegen, dann geht das ab.

⁞ Hab das Spiel mal von einem Kollegen vor etwa anderthalb Jahren zugemailt bekommen – seitdem spricht sich der harte Kern nur noch mit »Herbert« an.

⁞ Vor etwa 15 Jahren habe ich meinen Chef mit einem langen Streifen Klopapier aus der Hose hängend »erwischt«. Als ich ihn darauf hinwies, steckte er es verlegen einfach in die Hose. Mir war die Sache superpeinlich. Heute weiß ich: Der hat ja nur gespielt! Und diese Geschichte ist tatsächlich passiert, kein Witz!

⁞ Supergeil, danach haste eine Abmahnung.

⁞ Ich hab auch noch 'ne schöne Variation, wenn man Vertreter anderer Berufsgruppen vielleicht ein wenig anflirten oder verarschen möchte, z. B. die Kassiererin im Supermarkt fragen: »Was machen Sie eigentlich beruflich?!«

⁞ Variante, wenn man es sich definitiv mit jemandem verderben will: »Was macht dein Friseur beruflich?«

⁞ Ich hab mich fast weggeschmissen beim Lesen. Schon die Vorstellung, es zu tun, ist super lustig!

Wirklich dufte! Das mache ich gleich morgen mit meinen Kollegen …

Ingo!!!!

Okay, vielleicht warte ich doch noch, bis die Probezeit rum ist.

Lieber Ingo,
etwas Spaß muss zwar schon sein, aber seinen Job sollte man deshalb lieber nicht riskieren. Denn Hartz IV ist auch nur begrenzt witzig. Deshalb hier noch ein paar gute Tipps für das (Über-)Leben in der Probezeit:

Beruf – Deutsch/Deutsch – Beruf

Chef: Hat fast jeder! Wenn die Chemie nicht stimmt, ist oft auch beim ganzen Job der Wurm drin. Hier ist das Bauchgefühl in den ersten Wochen meistens schon sehr zuverlässig. Bekommt man bereits morgens beim ersten Treffen Bauchschmerzen, sollte man sich am besten dezent nach der nächsten Arbeitsstelle umsehen. Ansonsten sich dem oder der Chefin gegenüber lieber respektvoll-distanziert als zu kumpelhaft-anbiedernd verhalten. Wenn es mal zu Spannungen zwischen dir und dem Boss kommt, kann eine gewisse Distanziertheit sehr wohltuend sein.

Kollegen: Auch die sind meistens gratis dabei. Und nicht alle sind so nett, wie sie auf den ersten Blick scheinen mögen. Das ist die schlechte Nachricht. Und jetzt die gute: Ein paar wirklich nette sind aber immer dabei! Denke daran: Im neuen Job ist man meistens sehr motiviert, hat deshalb eine mächtige rosarote Brille auf und findet alles generell genial. Für die Kollegen ist man aber in der Regel nicht so ein absoluter Segen. Manche sehen einen durchaus als Konkurrenz oder wollen einem einfach so Schlechtes. Deshalb: Am Anfang lieber etwas zurückhaltend sein, nicht gleich die privatesten Dinge preisgeben, sondern eher freundlich-reserviert bleiben und die allgemeinen Gebräuche in der Firma beobachten.

Flurfunk: Die beliebte Frequenz im Unternehmen für alle Neuigkeiten, Klatsch und Tratsch! Davon bekommt man als Neuling noch nicht viel mit. Die Kollegen müssen erst noch Vertrauen zu einem fassen, bevor die Infos fließen. Insgesamt sollte man sich nicht so aktiv daran beteiligen oder gar selbst Gerüchte in die Welt setzen, denn das kann schnell nach hinten losgehen. Wenn man allerdings nach einem halben Jahr noch immer keinen Anschluss an den Flurfunk hat, ist man entweder schwerhörig oder vielleicht im falschen Betrieb gelandet.

Kaffeeküche: Der soziale Ort im Unternehmen! Hier trifft man sich, knüpft Kontakte jenseits der Arbeit, entspannt vom täglichen Stress, macht sich locker. Aber Vorsicht: Auch hier gelten Regeln, die dummerweise selten direkt an der Wand stehen. Erkundige dich am besten bei einem Kollegen, auf was man beim Benutzen der Küche achten sollte (wer spült wann ab, wie bedient man die Spülmaschine, wer besorgt den Kaffee, gehören die Tassen gewissen Personen …).

Gehalt: Immer zu wenig! Auch wenn man noch nie so viel in Händen hatte wie jetzt. Außerdem kommt das erste Gehalt (gewöhnlich) erst am Ende des Monats. Das kann das Konto zunächst mal ordentlich in die roten Zahlen treiben. Verhandeln muss man die Höhe seines Gehaltes inzwischen zumeist selbst. Gute Gelegenheiten dazu sind das Ende der Probezeit, soweit man gute Arbeit geleistet hat und übernommen wird, Vertragsverlängerungen insgesamt oder jährliche Zielvereinbarungsgespräche. Allerdings sollte man darauf achten, keine unrealistischen Forderungen zu stellen (»Ich will 50 Prozent mehr Gehalt!«). Außerdem ist es immer gut, mit eigenen Leistungen und Erfolgen im Job beim Chef für die Gehaltserhöhung zu werben.

Lieber Ingo,
wenn du mal zum Kaffeekochen im Büro verdonnert wirst, empfehlen wir folgendes Rezept:

Rezept: Kaffee nach Art des Wilden Westens

Man nehme ein halbes Pfund Kaffee, feuchte es etwas mit Wasser an, ½ Stunde köcheln lassen, dann die Hufeisenprobe. Wenn es einsinkt, ist er zu dünn.

Und was meint die Jury?

: Muss an dem Hufeisen noch das Pferd mit dran sein?

: Hab ich ausprobiert!!!! Danach war ich einen ganzen Monat aufgedreht und bin durch die Wohnung gehüpft.

: Hab's auch probiert. Musste danach mit dem Pferd zum Tierarzt!

: Schlagt noch zwei Eier rein. Dann siebt ihr den Kaffee aus.

: Das ist aus 'nem Lucky Luke Heft

: Und hier die echte Hufeisenprobe für guten Kaffee: Man
nehme eine Tasse von dem Kaffee und werfe ein Hufeisen hinein.
– Wenn das Hufeisen nicht reinpasst, ist die Tasse zu klein.
– Wenn das Hufeisen untergeht, ist er zu dünn.
– Wenn das Hufeisen nicht schlitzt, ist er zu kalt.

Recht auf ein angemessenes und »wohlwollendes« Arbeitszeugnis

Nach dem Ende eines Arbeitsverhältnisses hat jeder das Recht
auf ein Zeugnis. Das ist mindestens ein »Einfaches Zeugnis«
(mit Art und Dauer deiner Tätigkeit). Aber besser ist immer
ein »Qualifiziertes Zeugnis«, denn da wird auch beurteilt, wie
du gearbeitet hast.

Wenn du nun das **qualifizierte Zeugnis** in Händen hast,
solltest du es in jedem Fall genau durchlesen. Es wird zwar
immer wieder abgestritten, dass es da eine Geheimsprache
gäbe. Aber andererseits sind viele dieser »verschlüsselten«
Wendungen auch bekannt. Grob gesagt entsprechen folgende
Aussagen den üblichen Schulnoten:

Er (Sie) hat die ihm (ihr) übertragenen Aufgaben stets zu
unserer vollsten Zufriedenheit erledigt. = 1

Er (Sie) hat die ihm (ihr) übertragenen Aufgaben stets zu
unserer vollen Zufriedenheit erledigt. = 2

Er (Sie) hat die ihm (ihr) übertragenen Aufgaben stets zu
unserer Zufriedenheit erledigt. = 3

Er (Sie) hat die ihm (ihr) übertragenen Aufgaben zu unserer
Zufriedenheit erledigt. = 4

Er (Sie) hat die ihm (ihr) übertragenen Aufgaben im Großen und Ganzen zu unserer Zufriedenheit erledigt. = 5

Er (Sie) bemühte sich, die ihm (ihr) übertragenen Aufgaben zufriedenstellend zu erledigen. = 6

Darüber hinaus gibt es noch eine ganze Menge anderer Tricks, wie gewiefte Personaler schlechte Botschaften über dich in deinem Zeugnis verstecken können. Mein Tipp: Entweder zur Gewerkschaft gehen und dort beraten lassen oder das Zeugnis einem professionellen Berater geben (im Internet finden sich diverse). Dann weiß man, was drin steht, und kann möglichst schnell von seinem alten Brötchengeber Korrekturen verlangen.

Denn grundsätzlich sollte ein Zeugnis »wohlwollend« sein. Unbegründet schlechte Bewertungen haben da nix zu suchen. Das kann man sich notfalls auch vor dem Arbeitsgericht erstreiten.

AUTO & MOBIL

Bin ich ein verantwortungsvoller Verkehrsteilnehmer?

Du bist mit dem Auto unterwegs. An einer Gabelung schnappt
dir jemand die Vorfahrt weg. Wie reagierst du?
  a) Ich drücke ordentlich auf die Hupe, betätige das Aufblend-
     licht und fahr dicht auf. So ein Schluri!   10 Punkte
  b) An der nächsten Ampel fahre ich neben den Verkehrs-
     sünder und durchbohre ihn mit bösen Blicken.   5 Punkte
  c) Was soll's? Es gibt Schlimmeres – ich fahre gemütlich
     weiter.   0 Punkte

Beim Autokauf achtest du auf …
  a) … möglichst viele Airbags.   0 Punkte
  b) … ein möglichst dickes Auspuffrohr.   10 Punkte
  c) … auf möglichst viel PS.   5 Punkte

Der Stern auf der Motorhaube eines Mercedes ist …
  a) … das Fadenkreuz, damit ich die Omas beim Überqueren
     der Straße besser erwische.   10 Punkte
  b) … ein Statussymbol, das ich auch gerne auf meinem
     eigenen Auto hätte.   5 Punkte
  c) … Mer– was?   0 Punkte

Fahrräder sind …
  a) … was für Ökos.   10 Punkte
  b) … schnell, umweltfreundlich und gut für die Figur.
     0 Punkte
  c) … was für den Urlaub.   5 Punkte

Du bist mit dem ICE unterwegs. Um dich herum hüpfen drei Kinder auf ihren Sitzen herum. Was machst du?
- a) Ich denke, dass die Eltern endlich mal eingreifen sollten.
  5 Punkte
- b) Ich stelle die Kopfhörer meines Notebooks lauter und schaue mir noch eine DVD »King of Queens« an.
  0 Punkte
- c) Ich ziehe im nächsten Augenblick die Notbremse und die Kinder segeln durchs halbe Abteil. Dann ist endlich Ruhe.
  10 Punkte

Auswertung:
0 bis 10 Punkte: Du bist ein vorsichtiger, verantwortungs- und umweltbewusster Mensch. Im Verkehr bringt dich nichts aus der Ruhe. Du machst dir nicht allzu viel aus dem ganzen Zirkus um das »Heilige Blechle«.

10 bis 30 Punkte: Du magst dein Auto, bist gerne schnell unterwegs, aber immer noch schlau genug, um besonnen und rational im Verkehr zu agieren.

30 bis 50 Punkte: Laut, schnell und immer der Erste an der Ampel. Wer zuerst stirbt und am meisten Geld hat, hat gewonnen, stimmt's?

Wow, es hat funktioniert! Als ich heute beim Shoppen war, klingelte mein Handy. Die Personalchefin quakte mir ein »Guten Tag!« ins Ohr und bot mir den Job an! Ich hab natürlich sofort zugesagt! Jetzt kauf ich mir noch 'ne weitere Handtasche zur Belohnung und fahr dann wieder schnell zurück zu Ingo. Der wird Augen machen!

Liebe Kathrin,
hört sich ja phantastisch an. Du musst nur aufpassen, dass du nicht mehr als Ingo verdienst, ansonsten kannst du dich auf den nervigsten Freund der Welt einstellen.

So ein Sch... Ich wollte natürlich so schnell wie möglich nach Hause fahren und habe Ingos Blechbüchse durch die Stadt gepeitscht. Bei Tempo achtzig ist mir plötzlich der Scheibenwischer abgeflogen. Dann hat sich der Außenspiegel in einer scharfen Linkskurve verabschiedet. Krass, der flog haarscharf an dieser Omi mit ihrem Rentnerporsche vorbei! Egal, ich kontrolliere anschließend mein Make-up im Rückspiegel und da sehe ich – den Streifenwagen hinter mir. Ich gehe in die Eisen, bis die Tachonadel wieder brav bei fünfzig landet. Aber es war schon zu spät. Dabei hatte ich eine super Entschuldigung parat: Denn zeigen diese neuen weiß-roten runden Schilder mit den Zahlen in der Mitte nicht die Durchfahrtsmenge an Rollerbladern bei diesen abendlichen Veranstaltungen an? Na, der nette Herr von der Polizei hat herzlich gelacht und mir ein dickes Bußgeld aufgebrummt.
Ich brauche dringend ein eigenes Auto, damit ich das nächste Mal der Polizei davonfahren kann. Ingos Groschengrab ist nur was für Sonntagsfahrer und säuft jeden Moment ab.

Liebe Kathrin,
Begrenzung der Durchfahrtsmenge für Rollerblader? Abgefahrene Ausrede! Aber wenn du ein neues (oder zumindest ordent-

lich funktionierendes) Auto für den Job brauchst, dann ist das sicherlich keine schlechte Idee. Allerdings solltest du an deinem Fahrstil arbeiten. Bevor wir uns aber dem Thema »Autokauf« widmen, hier noch ein Tipp für Verkehrssünder wie dich:

Strafzettel von der Steuer absetzen

Als Raser oder notorischer Falschparker kommst du im wahrsten Sinne des Wortes auf deine Kosten, wenn du die Strafe in Briefmarken bei der Polizei bezahlst (Marken gelten als anerkanntes Zahlungsmittel). Diese Kosten kannst du dann als Portokosten bei der Steuererklärung angeben. Also kurz vor Weihnachten noch mal die rote Ampel vor der Wache überfahren! :-)

Was meint die Jury?

: Briefmarken kaufen nervt. In den Postfilialen geht es mittlerweile zu wie früher in der Sowjetzone, wenn es mal wieder Bananen zu kaufen gab.

: »Marken gelten als anerkanntes Zahlungsmittel«?! Soll ein Scherz sein, oder hat jemand irgendwelche (Gesetzes-)Quellen?

: *lach* Find ich lustig :)

: Endlich mal ein brauchbarer, intelligenter Tipp für mich!

: Briefmarken sind keine Zahlungsmittel, sondern so genannte »kleine Inhaberpapiere« im Sinne des § 807 BGB. (BGH AZ:XI ZR 395/04)

Ein Autokauf ist im Grunde wie der Kauf einer Handtasche. Bis auf ein paar unwesentliche Unterschiede. Zuerst stellt sich die Frage, wo und welches Auto du kaufen willst. Wenn das Geld keine Rolle spielt, latschst du ins nächste Autohaus und holst dir den Schlitten einfach ab. Wenn du aber nicht so viel Geld zur Verfügung hast, wirst du sicher ein gebrauchtes Auto kaufen wollen. Und hier fängt der Stress an. Am billigsten ist es, dein Auto privat zu kaufen. Dafür ist hier aber auch das Risiko am höchsten! Soll heißen: Nirgends ist es so einfach, dir eine Schrottlaube anzudrehen. Du hast keine Garantie, und du kaufst das Auto »wie besehen«.

Die nächste Stufe ist ein gebrauchtes Auto vom Autohändler. Diese haben meist noch ein Jahr Garantie, sind aber dafür auch etwas teurer als auf dem Privatmarkt.

Außerdem gibt es beim Autohändler Jahreswagen. Dabei handelt es sich um gebrauchte Autos, die nicht älter als ein Jahr alt sind. Die Gefahr, dass du irgendeinen Murks kaufst, ist hier noch geringer.

Wo suche ich mir ein Auto?

Es gibt im Großen und Ganzen drei Anlaufstationen, um nach gebrauchten Autos zu fahnden:

1. In der Zeitung: Jede Regionalzeitung besitzt einen Anzeigenteil, in dem gebrauchte Autos angeboten werden. Nach einer telefonischen Kontaktaufnahme vereinbarst du einfach einen »Besichtigungstermin«.

2. Im Internet: Online-Anzeigenmärkte nehmen den Zeitungen immer mehr Marktanteile weg, weshalb sich die Suche im Netz lohnt. Klarer Vorteil: Die Beschreibungen sind ausführlicher und fast jede Anzeige ist bebildert. Davon

können Zeitungen nur träumen. Es ist sinnvoll, dort nachzuschauen, wo Angebot und Nachfrage sehr groß sind. Beispiele sind www.mobile.de oder www.autoscout24.de.

3. Beim Autohändler: Schnapp dir einen Freund oder (noch besser) jemanden, der sich mit Autos auskennt (Vati?) und klappere die bekannten Autohändler in der Umgebung ab, um zu checken, was dort für Kisten rumstehen.

Wie suche ich mir ein Auto?

Beim Autokauf kann man ordentlich auf die Schnauze fallen. Viele haben schon »den Trabi im Porsche« gekauft. Vor allem unerfahrene Menschen, die sich mit Autos kaum bis gar nicht auskennen, haben da ihre Schwierigkeiten, weil sie nur die Karosserie, nicht jedoch das Innenleben eines Wagens beurteilen können. Deshalb ist es unheimlich ratsam, eine erfahrene Person mitzunehmen, die sich auch mit Autos und Motoren ordentlich auskennt.

Wichtige Fragen beim Besichtigungstermin sind:

1. Wie viele Kilometer hat das Fahrzeug auf dem Buckel?
2. Wie alt ist es?
3. Wie viele Besitzer hatte der PKW bereits?
4. Wurde das Auto in einer Firma von mehreren Personen genutzt? Falls ja, kannst du davon ausgehen, dass sich die Fahrer keine Mühe mit dem Auto gegeben haben.
5. Hatte das Auto Unfälle? Diese MÜSSEN angegeben werden. Bei Falschangaben muss der Verkäufer das Auto wieder zurücknehmen.

Vergiss auch nicht, eine Probefahrt mit dem potenziellen neuen Flitzer zu machen!

Auto-Check durch TÜV oder DAT-Schätzstelle

Wenn du ein Auto kaufen willst, dann lass dir vom Verkäufer Modell, Baureihe und Baujahr geben. Damit gehst du dann zum nächsten TÜV oder zur DAT-Schätzstelle (Deutsche Automobil Treuhand). Von denen bekommst du nämlich allgemeine Mängel mitgeteilt, die dieses Modell hat. So lässt sich noch besser einschätzen, wie viel oder wenig Ärger du mit deinem vermeintlich neuen Fahrzeug haben wirst.

Puh, der Ingo ist eine absolute Null, was Technik angeht. Neulich hat er zum Montieren der Sommerreifen geschlagene drei Stunden gebraucht! Und wenn dann nicht die Sportschau gekommen wäre, hätte es wahrscheinlich noch deutlich länger gedauert. Bei mir sieht's auch nicht besser aus. Aber ich treib schon noch einen auf, der sich damit auskennt. Wenn ich endlich so eine Wurstbüchse mein Eigen nennen kann – was kommen dann für Kosten auf mich zu?

Liebe Kathrin,
die Spritpreise kannst du dir ganz einfach mit folgender Formel ausrechnen: Wasserstand im Persischen Golf mal Wasserstand im Pool von George W. Bush plus zehn Prozent an Wochenenden und plus zwanzig Prozent in Schulferien. Für alle anderen Kosten gibt es zum Glück durchsichtigere Gründe. Kommen wir als Erstes zu den Autoversicherungen.

In Deutschland ist es die Pflicht eines jeden Autobesitzers, eine **Haftpflichtversicherung** fürs Auto abzuschließen. Diese Versicherung zahlt für Schäden an fremden Autos, die du verursacht hast. (Aber Omas Rentnerporsche gehört da nicht dazu!) Darüber hinaus brauchst du entweder eine **Teilkasko- oder eine**

Vollkaskoversicherung. Eine Teilkaskoversicherung ist günstiger, zahlt allerdings nicht, wenn du einen Unfall baust, an dem du schuld bist. Sie zahlt also nur für Dinge wie Wildschäden, Schäden durch Steinschlag oder Marderschäden.

Die Vollkaskoversicherung zahlt auch dann, wenn du schuld an einem Unfall bist. Allerdings steigt danach dein Versicherungsbeitrag an. Je länger du unfallfrei fährst, desto geringer fällt der Versicherungsbeitrag für dich aus. Für Fahranfänger liegt der Prozentsatz meist bei 160 Prozent des Beitragssatzes, was ganz schön ins Geld geht. Da kommen schon mal 1000 Euro im Jahr zusammen. Deshalb ist es sehr sinnvoll, den Wagen zunächst über Vati laufen zu lassen. Wenn du bis zu deinem 23. Geburtstag unfallfrei fährst, kannst du den Wagen und die Versicherung übernehmen, denn dann gleicht sich der Beitrag an. Dann sollte der Beitragssatz bei 70 bis 85 Prozent liegen. Wenn du weiterhin unfallfrei fährst, senkt sich der Beitrag natürlich immer weiter – bis auf 30 Prozent.

Die große Frage ist natürlich: Teil- oder Vollkasko? Oder gar keine Kaskoversicherung? Das kommt meistens auf den Wert deines Wagens an. Ingo hat für seine Schrottlaube sicher nur eine Teilkaskoversicherung (wenn überhaupt). Wenn er den zu Schrott fährt, dann wären die Eigenbeteiligung und die Beitragserhöhung einer Vollkaskoversicherung teurer, als die Karre auf eigene Kosten zu reparieren oder sich gleich ein anderes Auto zu kaufen.

Sollte dein Auto älter als zehn bis zwölf Jahre sein, lohnt sich nicht mal mehr eine Teilkaskoversicherung. Ab einem Kaufpreis von 8000 Euro kann man es sich überlegen, ob man eine Vollkaskoversicherung abschließt. Die Faustregel lautet also: Je älter und schrottreifer das Auto ist, desto weiter kannst du die Versicherungsleistung nach unten schrauben.

Der nächste Punkt: **Die Kfz-Steuer.** Diese ist bei weitem nicht so teuer wie die Autoversicherung. Sie hängt von den Faktoren Hubraum, Emissionsgruppe, Antriebsart (Diesel, Benzin …),

Erstzulassung und Anmeldungszeitraum ab. Bei einem kleineren Auto (Corsa, Polo …) dürfte sich die Steuer bei ungefähr siebzig Euro pro Jahr einpendeln. Einen Kfz-Steuerrechner findest du zum Beispiel unter www.kfz-steuer.de.

Mööönsch, das ist ja ganz schön teuer. Ich glaub ich kauf mir einen Diesel.

Check deinen Diesel und tank Pflanzenöl

Manche, vor allem ältere Dieselmotoren, vertragen auch ein Gemisch aus Pflanzenöl (aus dem Supermarkt) und Diesel. Du solltest aber mal vor dem Testen und Mischen im Internet recherchieren. Unter www.fmso.de (»Fahr mit Salatöl«) kannst du direkt nachfragen, ob dein Diesel da was taugt. Bei einer 50/50-Mischung (halb Diesel, halb Rapsöl) macht sich die Kostenersparnis schon bemerkbar (79 ct/l Rapsöl!).

Was meint die Jury?

: Macht mein Kumpel auch. Und der hat einen Chevy Blazer mit 6,2 Litern. Da fällt das richtig auf. Der fährt sogar nur mit Pflanzenöl.

: Ist der zu beneiden!

: Haben wir auch versucht und alles roch nach Pommesbude.

: »Roch nach Pommesbude« – ist doch besser als »roch nach Diesel«, oder?

Wenn dir das zu stressig ist oder du keinen Diesel hast, dann gibt es natürlich noch weitere Möglichkeiten zum Spritsparen. Es hilft zum Beispiel enorm, wenn deine Karre so wenig Gewicht wie möglich hat. Also nicht aus Bequemlichkeit irgendwelche Sprudel- oder Bierkisten im Auto lassen und durch die Gegend kutschieren. Auch Abnehmen soll helfen …

 Sparsame Fahrweise

Bei den steigenden Benzin- und Dieselpreisen hilft es vor allem, die Fahrweise auf »sparsam« umzustellen. Das bedeutet jetzt nicht, dass du ab sofort langsam durch die Lande gurken musst, aber mit ein paar Tricks lassen sich zehn bis zwanzig Prozent Spritkosten einsparen.

1. An der Ampel: Motor aus! Bereits ab einer Wartezeit von 15 Sekunden lohnt sich das. Hat der Auto Club Europa (ACE) nachgerechnet.
2. Früh hochschalten, mit niedrigen Drehzahlen fahren: Wer seinen Motor nicht ständig voll »durchdappt«, spart richtig Sprit. Gleich nach dem Anfahren in den zweiten Gang, bei 30 in den dritten, bei 40 in den vierten Gang.
3. Statt 200 auf der Autobahn mit 130 fahren. Ist sowieso gesünder. Bei 200 km/h kannst du bei den heutigen Spritpreisen auch direkt 50-Euro-Scheine verbrennen.
4. Wenn die Ampel rot ist, nicht bis kurz vor die Ampel düsen und dann abbremsen, sondern schon vorher Fuß vom Gas (KEINE Kupplung drücken) und ausrollen lassen. Der Motor verbraucht in diesen Sekunden keinen Sprit.

Was meint die Jury?

»… Fuß vom Gas und KEINE Kupplung treten?…« Das versteht mein technischer Verstand nicht. Der Motor läuft doch.

Dann verbraucht er auch Sprit. Er läuft sogar mit höherer Drehzahl als im Leerlauf – ist es dann nicht automatisch mehr? Hilfe! Schließt bitte meine Wissenslücke!

: Beim Abbremsen mit dem Motor, Fuß vom Gas und rollen lassen, wird die Schubabschaltung aktiviert, man braucht in dem Falle tatsächlich keinen Sprit. Und die Bremsen werden dabei auch noch geschont.

: 130 auf der Autobahn??? Jetzt sag bloß noch, ich soll meinen Ferrari verkaufen und Polo fahren …

: Kann mir jemand sagen, was günstiger ist? 100 m vor der Ampel mit Schubabschaltung rollen oder Gang raus und 200 m mit Leerlauf rollen? Übrigens: Schubabschaltung funktioniert nur über 40 km/h (zumindest bei meinem Auto).

: Ich habe seinerzeit den Test bei einer Bergab-Fahrt in den Alpen gemacht und mal die Verbrauchsanzeige im Auge behalten:
Gang raus – 4 l/100 km
Gang drin – 0,2 l/100 km
Meiner bescheidenen Meinung nach sind die 100 Meter mit Schubabschaltung sinniger als die 200 Meter ohne Gang.

: Ich hab Automatik :-)

: Meiner verbraucht auch nur 5 bis 6 Liter. Aber auf 50 km. :-) Und natürlich sieht man da zu, etwas bewusster zu fahren. Aber alle Register des Spritsparens zu ziehen, ist mir echt too much, dann kann man es ganz lassen.

Aber das ist nicht alles!

Sparsamer und sicherer mit dem richtigen Reifendruck

Es lohnt sich, den Reifendruck regelmäßig zu überprüfen. Aufgrund des Fahrkomforts empfehlen die Autohersteller eigentlich weniger Luftdruck, als möglich ist. Auf jedem Reifen ist der Maximaldruck vermerkt (meist drei bar). Ruhig die Reifen bis knapp unter diesen Wert aufpumpen (damit bei Hitze die ausgedehnte Luft im Reifen keinen Stress macht). Ein guter Wert ist ca. 0,5 bar unter dem vom Reifenhersteller auf dem Reifen angegebenen Maximalwert. Durch die ordentlich aufgepumpten Reifen hast du gleich mehrere Vorteile:

1. Weniger Spritverbrauch.
2. Besseres Verhalten in Kurven.
3. Besseres Bremsverhalten.
4. Die Reifen nutzen sich nicht so schnell ab.

Einziger Nachteil: Das Auto liegt etwas härter auf der Straße. Der verminderte Fahrkomfort kann aber nicht die Vorteile aufwiegen. Du musst allerdings aufpassen, dass die Reifen nicht zu stark aufgepumpt sind. Ansonsten wölbt sich der Reifen, und du fährst ihn nur in der Mitte ab, was gefährlich sein kann.

Da haben wir ja schon den nächsten Stichpunkt (Jungs, ihr seid einfach klasse): Was ist mit Abnutzung, Wartung und Ähnlichem? Wenn ich an Ingos Schleuder denke, der braucht ja mehr Öl als Benzin. Was der kostet und was da ständig ersetzt werden muss, da kann man sich gleich den ganzen Tag im Taxi rumkutschieren lassen oder – noch besser – einen Privatjet mieten.

Liebe Kathrin,

stimmt, das ist natürlich auch ein wichtiger und kostenintensiver Punkt. Und es ist so ziemlich der variantenreichste. Leider ist es so, dass man heute kaum noch selbst an den mit Elektronik vollgestopften Wagen rumschrauben kann. Was Vati früher noch selbst mit Schraubenschlüssel und Hammer unterm Motor repariert hat, muss man heute vom Profi machen lassen – und der wechselt das vermeintlich defekte Teil meist einfach nur aus. Trotzdem sollte man den Motor und sonstige heiklen Teile wirklich lieber dem Fachmann überlassen. Schließlich ist das Ganze auch eine Frage der Sicherheit! Wann dein Auto mal wieder zum Check muss, steht im Serviceheft, das meist im Handschuhfach herumliegt. Vergiss auch nicht den TÜV und den Ölwechsel. Wann der nächste Besuch beim TÜV und die Abgasuntersuchung fällig ist, steht auf den Nummernschildern deines Autos. Das Jahr steht in der Mitte und die Zahl, die in dem Kreis oben steht, ist der entsprechende Monat.

Nichtsdestotrotz bleiben noch ein paar Dinge am Auto, um die sich auch der ungeschickteste Zappelphilipp selbst kümmern kann, ohne das Auto gleich zu demolieren. Fangen wir mit dem Einfachsten an: dem Reifendruck. Den hast du ja schon beim Spritsparen kennen gelernt. Damit dein Auto weiterhin funktioniert, solltest du den Luftdruck hin und wieder beim Tanken überprüfen. Dort stehen ja diese Luftpumpen rum.

Iiihh, da mach ich mir doch ständig die Finger schmutzig an den blöden Ventilkappen.

Mensch, du bist aber pingelig. Aber auch dir kann geholfen werden.

Autoventilkappe öffnen, ohne schmutzige Finger zu bekommen

Damit du den Reifendruck ohne Dreck und Schmutz überprüfen kannst, schnappst du dir einfach einen 12-mm-Dübel und steckst ihn auf die Ventilkappe. Abschrauben, prüfen und befüllen. Danach zuschrauben, Dübel abziehen, fertig. Kein Stress für schön gepflegte Frauenhände. Klappt auch bei Fahrrädern.

Was meint die Jury?

: Einfach, aber genial.

: Ich hab lieber schmutzige Finger als immer einen Dübel in der Hosentasche.

: Dann leg ihn halt in das Handschuhfach – dann hast du ihn immer da, wenn du ihn brauchst, aber musst ihn nicht in die Hosentasche stecken.

: An einem Fahrrad gibt es kein Handschuhfach. Außerdem zählt da jedes Gramm Gesamtgewicht.

: Geht auch ohne Dübel. An der Tanke gibt's Papiertücher, mit denen ich die Kappe anfassen kann. Die Finger bleiben sauber.

: Hab's gerade ausprobiert, funktioniert tadellos. Du könntest ein Patent daraus machen. Zum Beispiel etwas für den Schlüsselbund? Irgendetwas Pfiffiges, damit man mit dem Schmutz nicht in Berührung kommt?

: Mein Tipp: Probiert's mal mit der Zunge, das ist sehr viel Spaß, gerade wenn es voll ist an der Tanke, und die Finger bleiben auch sauber! Versprochen.

Wenn man weiblich ist und noch ein bisschen blöd tut, dann bekommt man auch keine schmutzigen Hände. Was Männer doch alles für uns Frauen tun – unglaublich!

Als Ottonormalverbraucher kannst du aber noch mehr prüfen.

Komplettlösung – Öl, Kühl- und Bremsflüssigkeit überprüfen

Auch als Laie brauchst du die Überprüfung von Ölstand, Kühlflüssigkeits- und Bremsflüssigkeitsstand nicht der Werkstatt zu überlassen. Das ist nämlich ziemlich einfach. Zuerst öffnest du die Motorhaube.

1. Ölstand prüfen: Der Motor muss aus sein. Dann ziehst du den Stab zum Ölmessen aus dem Motor und wischst ihn mit einem Lappen ab (ist ja Öl dran). Du wirst feststellen, dass dieser Metallstab zwei Markierungen hat. Eine für den minimalen und eine für den maximalen Ölstand. Jetzt steckst du den Stab wieder in den Motor und ziehst ihn danach wieder heraus. Danach siehst du am Stab, wie dein Ölstand ist. Das Öl sollte zwischen Minimal- und Maximalmarkierung liegen. Sollte zu wenig Öl vorhanden sein, füllst du Öl in Halbliter-Schritten nach. Ist zu viel Öl drin (was eigentlich nicht passieren sollte), dann musst du das überschüssige Öl mit einer Handpumpe auspumpen – oder: Schlauch rein und mit dem Mund ansaugen.

   In der Bedienungsanleitung zu deinem PKW findest du die Angabe, welches Öl der Hersteller vorschreibt. Dieses Öl bekommst du dann im Ersatzteil- oder Zubehörhandel oder auch an der Tankstelle (da ist es aber meist teurer).

Achtung: Oftmals will man dir das teure, aber hochwertige synthetische Öl aufschwätzen. Das brauchst du nur, wenn das explizit in der Bedienungsanleitung steht oder wenn du ein Vielfahrer bist und es der Fachmann empfiehlt. Vielfahrer sind mehr als 25 000 Kilometer im Jahr unterwegs.

2. Kühlflüssigkeit prüfen: Im Motorraum findest du einen durchsichtigen Behälter, der für die Kühlflüssigkeit zuständig ist (bitte nicht mit dem Behälter für das Scheibenreinigungsmittel verwechseln!). Dort sind auch zwei Markierungen angebracht. Eine für den maximal erlaubten und eine für den minimalen Füllstand. Im kalten Zustand sollte der Minimalstand nicht unterschritten werden. Umgekehrt sollte bei warmem Motor der Maximalstand nicht überschritten werden. Solltest du Kühlflüssigkeit nachfüllen müssen, wirf wieder einen Blick in die Bedienungsanleitung deines Autos. Dort findest du die Angabe, welche Kühlflüssigkeit du benötigst. Und die bekommst du wieder im Ersatzteil- oder Zubehörhandel.

   Vorsicht beim Nachfüllen! Der Motor muss unbedingt kalt sein! Ansonsten besteht Verbrühungsgefahr!

   Ist zu viel Kühlflüssigkeit vorhanden, dann wird diese über einen Überdruckschlauch abgegeben.

3. Bremsflüssigkeit prüfen: Ebenfalls im Motorraum befindet sich ein (diesmal kleinerer) Behälter, der wiederum eine Minimal- und eine Maximalmarkierung hat. Hier kannst du als Laie nicht nachfüllen. Das muss der Profi in der Werkstatt machen. Du solltest die Bremsflüssigkeit mindestens alle zwei Jahre komplett auswechseln lassen.
   Hier dürfte auch keine Überfüllung stattfinden. Wenn doch: Ab in die Werkstatt und beschweren.

Zuletzt kannst du noch selbst die Lichter an deinem Auto überprüfen. Am schnellsten geht das, wenn du dir eine Person holst, die dir dabei hilft. Du sitzt im Auto und machst nacheinander alle Lichter an und aus, und dein Helfer sagt dir, ob das Licht angeht oder nicht. Am häufigsten gehen natürlich die am meisten gebrauchten Lampen kaputt. Das sind die Frontscheinwerfer und die Rücklichter. Diese kannst du auch selbst auswechseln. Vorne musst du die Motorhaube öffnen, hinten den Kofferraum (und die Plastikverkleidung abmontieren). Dann findest du dort meist eine Gummischutzkappe, die die Scheinwerfer vor Staub und Dreck schützt. Diese kannst du abnehmen und dann die Lampe entnehmen. Im Ersatzteilhandel organisierst du dir dafür eine neue Glühbirne. Vorsicht beim Einsetzen der neuen Lampen! Du solltest das Birnenglas nicht mit den bloßen Fingern anfassen, sondern nur mit einem fusselfreien Lappen. Ansonsten hast du Schweiß- und Fettflecken von deinen Händen auf der Glühbirne, und das kann die Birne zerstören, wenn sie heiß wird.

Ok, jetzt wisst ihr zwei Bescheid, wie ihr euren Flitzer überprüfen könnt. Wenn irgendwas nicht stimmt, einfach die Kiste in die Werkstatt bringen. Es gibt aber auch eine ärgerliche Sache, die man nicht ohne weiteres überprüfen kann: Marderschäden. Marder (eigentlich »Echte Marder«) sind kleine hundeartige Raubtiere, die gerne die (elektrischen) Leitungen im Motorraum anknabbern. Das fällt natürlich nicht gleich auf (wer schaut schon jeden Tag unter sein Auto?) und ist deshalb nicht ungefährlich. Was, wenn so ein Tier die Kühlleitung anfrisst? Deshalb solltet ihr euer Auto vor Marderbissen schützen.

Der Lieblingsangriffspunkt für die Marder ist der Motorraum.

Dieser hat einerseits »Höhlencharakter«, andererseits werden die Tiere von der Abwärme angelockt, wenn das Auto vom Fahren noch heiß ist. Das erklärt auch, warum die meisten Marderschäden im Frühjahr und im Herbst passieren: Abends ist es draußen kühl, aber der Motor ist noch warm. Im Winter kühlt der Motor schnell ab und im Sommer ist es draußen auch sehr warm. Zudem beginnt im Juni/Juli die Paarungszeit. Da haben die kleinen Marder anderes zu tun ...

Welche Bauteile am Fahrzeug sind durch Marder in Gefahr? Das sind Kabel und deren Isolierung, Schläuche und Isoliermatten, die sich alle im Motorraum befinden. Wenn's knüppeldick kommt, kann der Katalysator kaputtgehen, der Motor überhitzen oder Schmutz eindringen, der zum Beispiel die Lenkung blockiert.

Was also tun? Grundsätzlich lässt sich sagen: Ist dein Motorraum gut gekapselt, dann gibt's auch weniger Marderschäden. Deshalb sind laut ADAC Autos der Marke Mercedes relativ wenig betroffen. Sehr gut geschützt ist auch der Porsche. Aus aerodynamischen Gründen wird der Sportmotor durch eine feste Bodenplatte gekapselt. Zudem ist der Motor sehr voluminös und füllt den Motorraum fast komplett aus.

Vermutlich werdet ihr in nächster Zeit weder Porsche noch Mercedes fahren (oder ist ein Lottogewinn geplant?). Was schützt also? Die Antwort ist einfach und billig, aber genial: Der von Stefan Raab besungene Maschendrahtzaun hilft weiter. Ein Stück davon unter das Auto gelegt und die Marder werden laut ADAC den »unangenehm nachgiebigen Untergrund« meiden. Wenn ihr oft unterwegs seid, dann nehmt ihr am besten immer ein Stück Maschendraht- oder Kaninchenzaun mit. Achtet auch darauf, dass das Drahtgeflecht vorne nicht zu weit unter dem Motor hervorschaut. Pingelige Ordnungsämter fangen da schon mal an zu meckern. Weitere (aber teurere) Möglichkeit ist die Anschaffung von speziellen Ultraschall- bzw. Elektroschockgeräten. Oder ihr schützt die Kabel mit verstärktem Kunststoff.

Ein Märchen hingegen ist, dass Marder durch gewisse Duftstoffe ferngehalten werden. Katzenhaare, Hundehaare, WC-Steine oder spezielle Marder-Abwehrsprays können die gefräßigen Tierchen höchstens kurzfristig aufhalten. Übrigens: Sollte eine Marderfamilie im Dachboden oder sonst wo in eurer Nähe eingezogen sein: Dort einfach ein kleines Radio ein paar Tage laufen lassen. Die Marderfamilie zieht bei solch lauten Nachbarn ziemlich schnell wieder aus.

Zuletzt haben wir noch einen Tipp für euch, der manchmal Gold wert sein kann:

Scheibe in die Türverkleidung gekracht?

★ ★ ☆ ☆ ☆

Bei einer bekannten deutschen Automarke mit zwei Buchstaben passiert öfter Folgendes: Das Auto steht im Sommer längere Zeit in der Sonne. Wenn du dann losfährst und den elektrischen Scheibenheber betätigen willst, knirscht es laut und die Scheibe fällt in die Türverkleidung. Hintergrund ist, dass sich durch die Hitze Teile verbiegen, die sich eigentlich nicht verbiegen sollen. Die Automarke weiß um das Problem und repariert auf Kulanz.

Dummerweise passiert so etwas aber immer, wenn man unterwegs ist, lange Strecken auf der Autobahn fahren will, das Auto über Nacht draußen stehen bleiben soll oder es Sonntag ist.

Hier die »Mädchen-Lösung«:

Panzerklebeband in den kleinen Spalt zwischen verschwundener Scheibe und Gummizeugs versenken. Mit einem Lineal oder Ähnlichem das Klebeband an die versenkte Scheibe drücken. Nun kann man die Scheibe mit dem Klebeband aus der Tür ziehen. Scheibe nun schön schick mit Klebeband im Rahmen befestigen. Hält in jedem Falle bis zum Besuch der Autowerkstatt.

Was meint die Jury?

: Das kenne ich sehr gut. Ist mir inzwischen schon viermal passiert. Bei jeder Scheibe einmal! (Übrigens grundsätzlich Samstagabend). Ich habe bis jetzt immer die Türverkleidung mühsam abgemacht, um die Scheibe wieder hoch zu drücken. Auf die Idee mit dem Klebeband bin ich leider nicht gekommen. Na ja, wer's nicht im Kopf hat ...

: Bei Autos mit drei Buchstaben passiert das auch ab und zu.

: Ich weiß, warum ich ein Auto mit vier Buchstaben fahre. Auch, wenn manche es popelig finden.

: Ist mir mit der popeligen Vier-Buchstaben-Marke auch schon bei zwei Fenstern passiert!

: Der Tipp ist super. Es sollte aber darauf hingewiesen werden, dass Panzerband wirklich schwierig sowohl von der Scheibe als auch vom Lack wieder ab geht. Also – sparsam verwenden oder gleich japanische Autos kaufen!

So, das war's dann aber auch, was ihr als Laien am Auto werkeln könnt. Alles Weitere solltet ihr den Profis überlassen. Wir hoffen, du und Ingo gehört nicht zu den Menschen, die jeden Samstag ihr Auto waschen, putzen, polieren, bohnern, streicheln und liebkosen. Trotzdem sollten die sicherheitsrelevanten Teile immer sauber sein. Dazu gehört zum Beispiel die Frontscheibe. Da muss man ohne Behinderung der Sicht durchgucken können. Und da kommen die Scheibenwischer ins Spiel, die deine Frontscheibe auch während der Fahrt sauber halten.

Scheibenwischer aufmöbeln

Die Scheibenwischer fangen nach einiger Zeit oft an zu quietschen und reinigen die Scheibe nicht mehr richtig. Bevor du dir neue Scheibenwischer kaufst, kannst du die Gummilippen mit einem feinen Schmirgelpapier aufrauhen. Dadurch halten die Dinger noch ein paar Wochen. Wenn es dann soweit ist, nicht die ganzen Wischarme austauschen, sondern nur die Gummilippen. Ansonsten wird's teuer! Du musst ja als (Noch-)Studentin nicht unbedingt die Glaspaläste und Showrooms der großen Autokonzerne mitfinanzieren.

Aber die Scheibenwischer reichen nicht immer aus. Vor allem festgetrocknete tote Fliegen auf der Frontscheibe sind zu hartnäckig.

 Fliege meets Windschutzscheibe

Schnapp dir eine alte Zeitung, leg ein paar Blätter aufgefaltet auf die Frontscheibe und schütte Wasser drauf. Das Ganze lässt du einige Minuten »einwirken«. Danach ziehst du die Zeitung ab und spülst mit klarem Wasser nach. Fertig – ohne Schrubben und (fast) ohne Chemie. Schont Material, Muskeln und Umwelt.

Was meint die Jury?

: Jepp, funktioniert super!

: Um im Motorradurlaub das Visier vom Helm sauber zu bekommen, griffen wir zu folgendem Trick: Als wir abends immer zurück zur Pension kamen, sind wir auf die Zimmer, drei oder vier Blätter Toilettenpapier abgerissen, kurz unters Wasser gehalten und dann das Toilettenpapier aufs Helmvisier geklebt. Ein paar Minuten einziehen lassen und dann wieder runter damit. Und die Fliegen sind weg. Anschließend mit einem weichen Lappen nachreiben. Man sollte aber das Papier nicht zu lange einziehen lassen, sonst hat man ein Problem mit festgeklebtem Papier auf dem Visier.

Was auch funktioniert (wirkt Wunder, ohne die Scheibe oder den Lack anzugreifen): Das geht fast ohne Chemie und teure Mittel vom Autozubehörhändler. »Fast ohne« bedeutet lediglich mit Spülmittel und warmem Wasser. Steht der Eimer bereit, dann helft eurer Freundin aus den Klamotten und klaut ihr zu guter Letzt die Nylons. ;-) Bevor es dabei allerdings zum Streit kommt, tun es aber auch ausgemusterte Strumpfhosen mit Laufmaschen. Funktioniert einwandfrei, da der Nylon härter als die Fliegenreste, aber weicher als der Lack ist. Ein befreundeter Autolackierer gab mir den Rat.

Das ist übrigens auch eine gute Taktik, wenn mal wieder ein Vogel auf deiner Karosserie sein »Geschäft« hinterlassen hat. Dann einfach mit Wasser einweichen und abwischen. Ist vor allem wichtig, wenn das Zeug auf dem Autolack gelandet ist. Manche Vögel sind so »scharf«, dass die Abfallprodukte den Lack angreifen können.

Hast du eigentlich die Möglichkeit, dein zukünftiges Auto in eine Garage zu stellen? Wenn nicht, dann kannst du dich schon mal auf den Winter freuen. Wenn's draußen kalt ist, hast du nämlich besonders viel Spaß mit deinem Auto. Wir sagen nur: kalte Heizungen und zugefrorene Autotüren. Und das Fitnessstudio kannst du dir ebenfalls sparen. Eis von der Autoscheibe kratzen ist Extremsport. Vor allem, wenn du keine Handschuhe an hast. Aber das ist immer noch besser, als den Motor und die Heizung so lange laufen zu lassen, bis das Eis weggeschmolzen ist. Du schadest damit nicht nur der Umwelt, sondern vor allem deinem Auto. Wenn du an einem kalten Wintertag morgens das Auto vor Fahrbeginn zehn Minuten laufen lässt, dann entspricht das einer Motorbelastung von 35 000 km! Durch die Kälte ist das Motoröl so zähflüssig, dass es im Leerlauf unten in der Ölwanne bleibt. Kannst du dir vorstellen, was es für den Motor bedeutet, wenn er ungeschmiert bei diesen Temperaturen läuft? Das ist etwa so, als ob du in dicken Winterklamotten die trockene Wasserrutschbahn im Freibad herunter müsstest. Also lieber den Eiskratzer verwenden. Sollte der Eiskratzer nicht mehr richtig kratzen, dann kannst du ihn mit Schleifpapier etwas »schärfen«. Danach funktioniert er wieder besser!

Gegen zugefrorene Autotüren

Autotüren frieren nicht zu, wenn du die Türgummis mit Melkfett oder mit einem Lippenpflegestift einreibst. Das machst du einmal im Herbst und die Türen gehen den ganzen Winter ohne Probleme auf. Sollte die Tür doch einmal zugefroren sein, dann presse sie rundherum fest gegen das Auto. Das Eis sollte so brechen, und die Tür lässt sich wieder öffnen.

Was meint die Jury?

: Mach ich jeden Winteranfang, und es funktioniert!

: Ich stelle es in die Garage. Funktioniert auch.

: Vaseline geht genauso gut.

: Man kann die Autotür auch offen lassen.

: Klar funktionieren alle Tricks. Nachteil ist jedoch, dass Fett den Gummi angreift und auf Dauer zerstört. Dies vermeidet man, wenn man Talkum nimmt (das weiße Zeug, mit dem sich Turner die Hände einstäuben).

Aber nicht nur die Autotüren frieren zu. Auch das wehrlose Türschloss erliegt immer öfter den fiesen Killer-Eiskristallen. Der Grund hierfür ist Feuchtigkeit, die ins Türschloss gelangt. Viele empfehlen, bei ständig zugefrorenen Autoschlössern Graphit oder Waffenöl in das Türschloss zu spritzen. Das schützt zwar tatsächlich vorm Einfrieren, kann aber auf Dauer das Türschloss verdrecken. Das Öl kann sogar verharzen. Und das ist dann nicht mehr schön.

Cheat – Eisfreie Türschlösser

Viel stressfreier sind folgende Tipps:

1. Ein sparsamer und einfacher Trick gegen das Einfrieren von Autotürschlössern: Ein Stück Tesafilm drüberkleben und das Türschloss bleibt eisfrei. Es kann keine Feuchtigkeit eindringen.

2. Vor allem durch den Schlüssel kommt viel Feuchtigkeit ins Türschloss. Deshalb einfach den Schlüssel vor dem Benutzen kurz mit einem Papiertaschentuch abwischen. Schützt auch vor Zufrieren.

3. Gleich ein Auto mit Fernbedienung kaufen.

   Oder:

4. Wenn du ein Cabrio hast: Verdeck offen lassen.

5. Nicht abschließen :-)

Ok, ihr Saubermänner. Jetzt ist mein Auto also porentief rein und eisfrei. Aber wie kann ich meine Kiste tunen?

»Tunen« ist uncool. Punkt. Wir konnten noch nie verstehen, was ein Ofenrohr hat, was ein Auspuff nicht hat. Und wenn du eine dicke Anlage in dein Auto bauen willst: Lass es bleiben. Es gibt nichts Peinlicheres als einen dröhnenden Kleinwagen, bei dem ständig der Kofferraum so laut klappert, dass sich die Passanten auf dem Gehweg kringelig lachen. Außerdem solltest du beim Autofahren immer hören können, was in deiner Umgebung passiert, um in Gefahrensituationen schneller reagieren zu können.

Sicherheit ist sowieso ein wichtiges Thema im Straßenverkehr, das viel zu oft unterschätzt wird. Wie die Straßenverkehrsordnung funktioniert und wie du dich sicher im Verkehr bewegst, hast du ja in der Fahrschule gelernt. Wir können dir noch empfehlen, ein Fahrsicherheitstraining zu absolvieren. Das bietet zum Beispiel der ADAC an. So ein Training dauert einen Tag, und du lernst mit dem Auto umzugehen. Da kannst du deine Kiste mal ordentlich »rumlassen«, Vollbremsungen üben und das ABS austesten. Das Training kostet ein paar Euro, und du erhältst danach eine Urkunde. Mit der kannst du bei deiner Versicherung anfragen, ob du eine Ermäßigung auf den Beitrag bekommst. Manche Versicherungen bieten das an – und »fragen kostet ja nix!«

Aber was tun, wenn der Ernstfall eintritt?

Komplettlösung – Wie verhalte ich mich bei einem Unfall?

Ein Unfall ist eine ernste Sache. Vor allem, wenn Menschen dabei zu Schaden kommen. Außerdem kann ein Unfall ein gerichtliches Nachspiel haben, weshalb du bei einem Unfall sehr besonnen vorgehen solltest. Nicht selten kommt es vor, dass Unfallbeteiligte oder -zeugen später Aussagen zurückziehen oder anderes behaupten.

Es gibt zwei Fälle: Du bist in einen Unfall verwickelt – oder eben nicht.

»Ich bin in einen Unfall verwickelt.«

1. Die wichtigste Regel ist: Ruhe bewahren. Viele Menschen sind nach einem Unfall verwirrt oder geschockt.

2. Zuerst gilt es, sich selbst abzusichern. Also: Warnweste anziehen (ist ja Pflicht) und das Warndreieck aufstellen. Das muss 100 Meter (also etwa 150 bis 200 Schritte) von der Unfallstelle entfernt postiert werden.

3. Als Nächstes gilt es herauszufinden, ob Unfallbeteiligte verletzt sind.

4. Falls Hilfe benötigt wird, solltest du anhaltende Autofahrer/Menschen darum bitten, den Notarzt zu rufen. Bitte herumstehende Menschen um Hilfe. Muss erste Hilfe geleistet werden?

5. Ist die Sicherheit gewährleistet, kann man sich um die Sachlage kümmern. Bei Umstimmigkeiten solltest du die Polizei rufen. Nie ein Zugeständnis unterschreiben! Abwarten, bis die Polizei eintrifft. Dann kann alles geklärt werden.

6. Du solltest immer eine Einwegkamera im Handschuhfach deponieren. Bei einem Unfall kannst du die Unfallszene dokumentieren. Dazu gehören nicht nur die demolierten Autos, sondern auch der komplette Unfallort, zum Beispiel die Kreuzung, auf der sich der Unfall ereignet hat.

7. Du solltest darauf achten, dass nichts verändert wird. Geschickt ist ein Stück Kreide, das du ebenfalls im Handschuhfach haben solltest: Mit dem kannst du die Standorte der Reifen anzeichnen.

8. Ist alles geklärt, muss der Unfallverursacher den Unfall innerhalb von 24 Stunden seiner Versicherung melden.

9. Muss dein Auto abgeschleppt werden? Die Hotline deiner Versicherung kann dir weiterhelfen. Oft ist bereits ein Abschleppdienst in der Versicherung enthalten. Wenn du Mitglied in einem Autoclub bist, wird dein Auto ebenfalls kostenlos abgeschleppt.

»Ich habe einen Unfall beobachtet.«

1. Wenn du Unfallzeuge bist, so musst du dies melden. Also: Anhalten und überprüfen, ob Hilfe benötigt wird! Danach musst du so lange da bleiben, bis die Situation geklärt ist (notfalls durch die Polizei).

2. Solltest du den Unfall nicht beobachtet haben, versuche zu prüfen, ob jemand verletzt ist und ob Hilfe benötigt wird. Ist dies nicht der Fall und die Menschen am Unfallort haben alles unter Kontrolle, ist es klug weiter zu fahren. Denn dann stehst du nur im Weg rum und gehörst zu den Gaffern. Auch wenn du es gut meinst, kann sich das Anhalten am Unfallort in so einem Fall negativ für dich auswirken. Sollte es zu einer Gerichtsverhandlung kommen, so wird oft durch die gegnerischen Parteien versucht, Zeugen mit hineinzuziehen und Einfluss auf diese zu nehmen. Das solltest du dir sparen.

Ach, wer bremst verliert!

Ingo!!! Deine Klapperkiste fliegt sowieso bald auseinander! Es wär besser, du nimmst dein neues Fahrrad. Dann würde vielleicht auch mal dein kleiner Schnitzelfriedhof um den Nabel wieder verschwinden. Als ich dich kennen gelernt habe, hast du dir noch richtig Mühe gegeben!

Soso, der Ingo bekommt ein kleines »Wohlstandsbäuchle«. Da wär es wirklich mal wieder an der Zeit, das Fahrrad fit zu machen!

Och nee, mein letztes Fahrrad wurde mir geklaut und mit dem neuen Fahrrad trau ich mich nicht auf die Straße. Das ist dann auch gleich wieder weg.

Fauler Hund, das sind doch alles nur Ausreden. Du kannst dein Fahrrad doch sicher machen, oder, Jungs?

Ja, Ingo, dein Fahrrad kannst du in der Tat ordentlich absichern. Im Jahr 2005 wurden etwa 390 000 Fahrräder in Deutschland geklaut. Da hat die Industrie längst reagiert und bietet ordentliche Produkte an. Nur die Radfahrer lassen ihre Räder immer noch fast ungesichert in der Landschaft rumstehen!

Bei der Absicherung deines Fahrrads solltest du nicht geizig sein. Faustregel: Zehn Prozent des Fahrradpreises solltest du in die Sicherung deines Drahtesels investieren. Am besten eignen sich Bügelschlösser oder Panzerkettenschlösser. Diese können nicht mit einem Bolzenschneider durchtrennt werden. Dafür sind sie unflexibler in der Handhabung. Du solltest auf die Größe des Schlosses achten: Es ist wichtig, dass du das Fahrrad mit dem Schloss an einem festen Gegenstand (zum Beispiel an einem Laternenpfosten) abschließen kannst. Kabelschlösser sind mit einem Bolzenschneider leicht zu durchtrennen (weshalb sie auch den Spitznamen »Geschenkbänder« tragen). Trotz ihrer Flexibilität solltest du deshalb Abstand von diesen Dingern nehmen.

Der nächste Punkt ist der Schließzylinder. Achte beim Fahrrad-schlosskauf auf das VdS-Zeichen. Schlösser, die dieses Zeichen tragen, haben das Gütesiegel der Versicherungswirtschaft und wurden wichtigen mechanischen Tests unterzogen. Ein Fahrrad-schloss mit diesem Siegel hält dem »Hammer-Test« stand, und auch mit Spezialwerkzeug lässt sich der Schließzylinder nicht knacken.

Der nächste Punkt ist der »Bauteile-Klau«. Verfügt dein Rad über Schnellspanner, so hat ein Dieb ruckzuck das Vorderrad oder den Sattel abmontiert. Hier gibt es auch spezielle Verschlusssysteme ab vierzig Euro. Wenn dir das zu teuer ist, musst du beide Räder abschließen und den Sattel mitnehmen. (Achtung bei Regen: Wenn dir dann Wasser in den Rahmen gelangt, verrostet schnell das Tretlager. Für diesen Fall einen alten Korken mitnehmen, um damit das Loch zu »verstöpseln«.)

Eine weitere Möglichkeit ist die so genannte »Fahrrad-Codierung«. Die Polizei oder der Händler graviert dabei eine Nummer in den Rahmen deines Fahrrads. Wird dein Fahrrad geklaut und wiedergefunden, so kannst du als Besitzer sehr schnell ausgemacht werden. Leider wird dieser Service von der Polizei nicht mehr so oft angeboten. Also vorher nachfragen (oder beim Händler ein paar Euro dafür bezahlen). Übrigens: Du kannst auch andere Gegenstände wie Teppiche, Handys oder Bilder mit einem Code versehen lassen.

Noch eins drauf setzt der »Bike-Finder«. Das ist ein Chip, der an deinem Rad befestigt wird. Über diesen Chip kannst du als Besitzer des Fahrrads im Fall einer Wiederbeschaffung ausfindig gemacht werden. Kostenpunkt: 24 Euro.

Übrigens: Wie schon im vorigen Kapitel erwähnt wurde, kannst du dein Fahrrad auch in der Hausratversicherung mitversichern.

Mir springt aber ständig die Kette runter und dann mach ich mir die Finger schmutzig!

Mensch Ingo – dir ist aber auch gar keine Ausrede zu peinlich. Wenn die Kette runterspringt, dann musst du doch einfach nur in einen höheren Gang schalten, mit der einen Hand das Hinterrad hochheben und mit der anderen Hand die Pedale drehen. Schon springt die Kette wieder aufs Zahnrad, und deine Finger bleiben schön sauber.

Und sollten beim Reifen Flicken oder Kette Ölen doch mal die Finger schmutzig werden, kannst du dir ganz einfach eine selbstgebastelte Waschpaste zusammenrühren, mit der du das Öl lässig von den Fingern bekommst.

Selfmade-Handwaschpaste

Gerade am Auto geschraubt, Muttis Fahrradkette gewechselt oder sonstwo schmierige Finger eingehandelt? Dann schnappst du dir einfach den Rest Kaffee aus dem alten Kaffeefilter und vermischst ihn mit etwas Spülmittel und Wasser. Funktioniert wunderbar, da der Kaffee als Schleif- und das Spül- als Fettlösemittel arbeitet. Macht schön saubere Hände und riecht auch nach dem Filterwechsel beim Diesel eher nach Kaffee als allem anderen. Billig, einfach, wirksam!

Was meint die Jury?

: Tipp ausprobiert. Es klappt!

: Da schraub ich doch gleich viel lieber. Klappt supi!

: Das geht auch mit Zucker und Spülmittel. Gleicher Effekt (falls man kein Kaffeetrinker ist).

: Vor dem Schrauben mit den Fingernägeln noch in einem Stück Seife kratzen. Dichtet den Nagel und die Fingerkuppe ab und verhindert so, dass Dreck/Öl unter die Nägel gelangt. Beim Waschen löst sich die Seife auf, und Bürsten unter den Nägeln ist überflüssig.

Und für das Fahrradflickzeug für unterwegs gibt's auch noch einen genialen Aufbewahrungsort:

Flickzeug platzsparend verstauen

Wenn deine Sattelstütze breit genug ist, kannst du Folgendes machen: Stecke dein Flickzeug in ein Plastikröhrchen (oft reicht das von den Mineraltabletten aus dem Supermarkt) und stöpsel das Röhrchen mit einem innen liegenden Gummipfropfen aus der Apotheke zu. Jetzt ab damit in das Loch der Sattelstütze und ebenfalls mit einem Gummipfropfen »wasserdicht« verschließen! Sattel wieder reinstecken, befestigen, fertig!

Falls ihr euch noch mehr über Fahrräder informieren wollt, dann können wir euch die ausführliche Website des Allgemeinen Deutschen Fahrrad-Clubs empfehlen. Auf www.adfc.de findet der Vollblutradler alles zum Thema Fahrrad: Sicherheit, Straßenverkehrsordnung, Radreisemöglichkeiten, Technik, Versicherungen und und und.

Hallo Jungs,
ihr werdet es nicht glauben. Nachdem Kathrin gestern mit meinem Auto wie eine Irre durch die Stadt gebrettert ist, wollten wir heute Morgen zum Geburtstag ihrer Omi düsen. Wir steigen ein, ich dreh den Schlüssel im Zündschloss um, es knackt plötzlich fies im Motorraum und dann stieg auch schon Rauch aus

der Kiste. Fast wären die Apachen gekommen, bei den Rauchzeichen …

Auf jeden Fall sitzen wir jetzt im Zug nach München. Kathrins Oma wird achtzig. Und weil Familienfeste immer so wahnsinnig spannend sind, lassen wir uns das natürlich nicht entgehen.

Die Bahntickets sind ja krass teuer, aber dafür ist die Unterhaltung im Zug nicht schlecht. Kurz vor Augsburg holte mich eine Ansage aus meinen Träumen, und ich weiß bis heute noch nicht, in welcher Sprache da mit mir kommuniziert werden sollte: »Leidiiis änd Dschentelmän, in a fjuu minits wi will areif in Augsburg Meinsteischen – sänk juu for treweling wis Deutsche Bahn änd gudd bei.« Was meint ihr?

Esperanto? Usbekisch? Keine Ahnung, wo der freundliche Bahnbeamte seinen letzten Sommerurlaub verbracht hat …

Ja, Ingo. Die Bahn ist nicht gerade das günstigste Fortbewegungsmittel, aber dafür ist der ICE im Sommer gemütlich warm und im Winter schön kühl. Spaß beiseite: Habt ihr zwei schon mal daran gedacht, eine BahnCard zu kaufen? Die BahnCard 50 kostet für Studierende nämlich nur die Hälfte, und wenn ihr in einer Lebensgemeinschaft lebt (was ihr ja tut), bekommt der Partner die BahnCard auch zum halben Preis. Ihr müsst beim Kauf lediglich nachweisen, dass Kathrin noch studiert und ihr die gleiche Adresse in eurem Personalausweis stehen habt.

**Mit dem Zug zum Flug –
günstig Bahn reisen!** ★ ★ ★ ★ ★

Es hat sich ja herumgesprochen, dass Bahn fahren ohne BahnCard relativ teuer und fliegen relativ günstig sein kann. Also: Solltest du mal in die beneidenswerte Lage geraten, an einen günstigen Billigflug ins Ausland (geht nicht bei

Inlandsflügen) von HLX (www.hlx.com) zu gelangen, obwohl der Flughafen am anderen Ende von Deutschland liegt: Zugreifen und dann für Hin- und Rückreise zwei »Zug zum Flug«-Tickets für 39,98 Euro buchen (19,99 Euro pro Person und Strecke).

Kleines Beispiel: Du wohnst in Stuttgart und kaufst ein günstiges Billigfliegerticket (samt zwei »Zug zum Flug«-Tickets), mit dem du von Hamburg aus ins Ausland fliegen kannst. An dem Wochenende, an dem der Flieger geht, fährst du mit der Bahn nach Hamburg, fliegst dann aber nicht und genießt die Zeit in Hamburg.

Fazit: für 39,98 Euro + Billigfliegerticket (ab 19,99 Euro) mit der Bahn durch fast ganz Deutschland (und wieder zurück) gefahren. Günstiger geht's nicht, auch wenn du eine BahnCard hast. Bei einer längeren Strecke sparst du da locker über 100 Euro.

Was meint die Jury?

: Echt? Das muss ich mal ausprobieren!

: So günstig ist es auch nicht, fährt man an einem Wochenende hin und an einem Wochenende auch zurück, zahlt man bei der DB die Hälfte, ist aber an einen bestimmten Zug gebunden. Wenn man aber bei deinem Tipp die Flüge noch schnell in der Stadt verscherbelt, könnte man wieder etwas sparen.

DRESSCODE & KNIGGE

Morgen haben Ingo und ich zweijähriges Knutschjubiläum. Ich wette, der hat das vergessen, so schusselig wie der manchmal ist. Aber ich mag ihn ja gerade auch deswegen. Und dank seines neuen Jobs gedeiht sein Kontostand ja auch prächtig. Er könnte mich eigentlich mal ordentlich ausführen. Aber vermutlich wird's sowieso auf eine DVD und eine Pizza von »Luigis Pizza Sprint« hinauslaufen.

Gepriesen sei mein neues Multi-Organizer-Mini-Handy-Mobile-Dingsbums. Dieses Wunderwerk der Technik hat heute morgen wie verrückt gebrummt und vibriert und mich auf den morgigen Termin aufmerksam gemacht: »Achtung! Zwei Jahre Kathrin! Opernkarten abholen!« Die hab ich nämlich schon letzte Woche heimlich bestellt und morgen werde ich mit Kathrin ganz entspannt fein ausgehen. Die wird Augen machen!

Wow! Du überraschst uns immer wieder, Ingo. Aber Vorsicht! Du erinnerst dich sicher noch an die Katastrophe mit Angelina. Dieses Mal muss alles passen. Ansonsten hängt der Haussegen schief. Frauen bewerten nämlich neben der Idee durchaus auch deren Ausführung. Und wenn du da versagst, bist du als Vollidiot abgestempelt. Das fängt schon bei der richtig gebundenen Fliege und dem passenden Anzug an.

Fliege? Anzug? Passen? Meine Lieblingsjeans ist frisch gewaschen – das muss doch wohl reichen.

Grad mache mer's Maul zu, wie man bei uns so schön sagt. Wenn ihr als Paar an einem gesellschaftlichen Event wie einer

Opernaufführung teilnehmen wollt, dann solltet ihr euch auch den dazugehörigen »Standards« anpassen. Und das fängt bei der ordentlichen Kleidung an. Also: Hol morgen deinen schönsten Anzug und dein bestes Hemd aus dem Schrank, organisier dir eine Fliege – und los geht's!

Macht mal halblang, Jungs. Ich glaub, ich verstehe nur Bahnhof. Könnt ihr das vielleicht mal langsam erklären, für Dummys? Schaff ich das überhaupt bis morgen?

Okay, dann wollen wir dir mal eine kleine, aber feine Einführung in Sachen Männer-Dresscode geben. Vor allem in der deutschen Wirtschaft wird viel Wert auf das Äußere gelegt. Wer gut gekleidet und gepflegt auftritt, hat gegenüber anderen Vorteile. Fangen wir mit den unterschiedlichen Dresscodes an. Diese sind in vielen Unternehmen wichtig. Es wird von den Mitarbeitern verlangt, dass sie mit ihrem Kleidungsstil zum »Corporate Design« des Unternehmens passen.

Welche Dresscodes gibt es?

Freizeitkleidung/Casual wear
Der Herr trägt Hemd oder T-Shirt. Unten rum gibt's Jeans oder sonstige sportliche und bequeme Hosen. In südlichen Gefilden sind auch Bermudas oder Shorts erlaubt.

Gehobene Freizeitkleidung/Smart casual
Du solltest geschlossene Schuhe tragen. Dazu einen Anzug oder eine Kombination. Krawatte ist nicht erforderlich.

»Wie im Büro«/Business casual
Du darfst »wie im Büro« rumlaufen. Das heißt: Hemd und Jackett. Jeans ist meist nicht erwünscht. Die Krawatte ist

nicht zwingend erforderlich. Übrigens: Kurze Hosen sind in den meisten deutschen Büros tabu. Sandalen sind hingegen erlaubt.

Casual Friday (auch »Dress down Friday«)
Seit den 1950ern wird diese Gepflogenheit in manchen Unternehmen praktiziert. Weil es ja bald ins Wochenende geht, ist sportliche und legere Kleidung erlaubt. Seit dem Ende des Internet-Booms ist der Casual Friday nicht mehr so beliebt. Unternehmen sehen es wieder gerne, wenn sich die Mitarbeiter auch am Ende der Woche an den »ordentlichen« Dresscode halten.

Geschäftskleidung/Business-Kleidung
Die Kleidung, die normalerweise im Geschäftsleben (Management, Banken, Politik) getragen wird. Herren tragen einen Business-Anzug in gedeckten Farben, ein unifarbenes (einfarbiges) oder leicht gestreiftes Hemd samt unauffälliger Krawatte, gepflegte Schuhe und dunkle Socken. Die Damen tragen ein Kostüm oder einen Hosenanzug mit Bluse und Pumps. In manchen Ländern sind Strumpfhosen auch bei hohen Temperaturen Pflicht!

Übrigens: Selbst Fidel Castro trägt inzwischen zu Anlässen der internationalen Politik elegante Seide statt olivgrüner Kampfanzüge.

Abendgarderobe
Die Abendgarderobe, die zu festlichen Angelegenheiten getragen wird, fällt durch einen besonderen Stoff und Schnitt auf. Für den Mann tut es bereits ein schwarzer Sakkoanzug zusammen mit weißem Hemd und Krawatte. Geht's besonders festlich zur Sache, gibt es noch den Frack und den Smoking. Auf der Einladung steht dann »white tie/cravate blanche/

großer Gesellschaftsanzug« beziehungsweise »black tie/cravate noire/Gesellschaftsanzug«. Vor allem Frack und Smoking hat Ingonormalverbraucher normalerweise nicht im Schrank hängen, weshalb man sich diese Dinger auch für den Abend mieten kann.

Die Frauen haben da mehr Spielraum. Sie können mit ihren Reizen und ihrer Figur großzügig umgehen. Es gibt viel Auswahl: elegante Abendkleider, schulterfreie Cocktailkleider aus edlem Stoff oder feine Hosenanzüge. Das Dekolleté muss dem Anlass entsprechen. Faustregel: Je später der Abend, desto tiefer kann (muss aber nicht) der Ausschnitt sein. In manchen Regionen ist auch traditionelle Abendkleidung möglich. In Deutschland gibt es den Lodenanzug, die Tracht oder das Dirndl. In Schottland gilt der Kilt ebenfalls als klassische Festtagskleidung.

Die Missachtung von Dresscodes kann sich sehr nachteilig für dich auswirken. Bei manchen Veranstaltungen wirst du schlicht nicht eingelassen (Feste, Konzerte, Audienzen, Kasinos). Auch bei beruflichen Vorstellungsgesprächen (Kathrin weiß, wovon wir sprechen) kann sich die unangemessene Bekleidung sehr zum eigenen Nachteil auswirken. Wer die passende Kleiderordnung beachtet, schlägt gleich zwei Fliegen mit einer Klappe: Er zeigt seine gesellschaftliche Kompetenz und er bringt seine persönliche Würdigung des Anlasses zur Geltung.

Okay, das mit dem Büro ist klar, aber wie sieht es bei Hochzeiten aus?

Hochzeitskleidung

Bei Hochzeiten solltet ihr das tragen, was vom Brautpaar gewünscht wird. Ist dieser Rahmen geklärt, könnt ihr alles tragen, was euch gefällt.

Kirchliche Heirat
Bitte nicht aufreizend auftauchen. Elegant und dezent sollte die Kleidung sein. Für Frauen ist ein Hut nicht zwingend erforderlich.

Themenhochzeit
Manche Brautpaare wollen als Burgfräulein und Ritter heiraten. In so einem Fall müssen natürlich auch die Gäste passend gekleidet sein. Bei abgefahrenen Partyideen finden sich in der Regel immer ein paar Hinweise auf der Einladung.

Für Frauen gilt: Nie die Braut ausstechen! Es muss klar sein, wer an diesem Tag im Mittelpunkt steht. Weiß, Creme und Elfenbein sind verboten. Schwarz sollte es auch nicht sein, da Schwarz die Farbe der Trauer ist.

Puh, das ist eine ganz andere Welt. Da muss ich mich erst noch zurechtfinden. Was kommt als Nächstes?

Hemden, Ingo! Du weißt, diese Bekleidungsstücke mit dem steifen Kragen oben. Das ist das Stichwort. Davon hast du als Sesselpupser ja sicher schon ein paar im Schrank hängen. Hier erst mal ein Überblick über das wichtigste Unterscheidungsmerkmal.

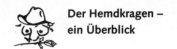 **Der Hemdkragen – ein Überblick**

Button-Down-Kragen – sportiv
Der Button-Down-Kragen wird mit zwei Knöpfen am Hemd befestigt. Die Idee stammt vom Polospiel, wo der Kragen beim Reiten immer auf und ab flatterte. Der Button-Down-Kragen wird nicht zum Anzug oder gar zum zweireihigen Sakko getragen. Wer keine Krawatten mag, ist mit diesem Kragen gut beraten. Man kann sie getrost weglassen.

Kent-Kragen – elegant
Der Klassiker. Er wird am häufigsten getragen und kann mit allem kombiniert werden: mit oder ohne Krawatte beziehungsweise Fliege. Optimal für Anzüge geeignet. Hier passt jeder Krawattenknoten. Der Namensgeber war übrigens der Herzog von Kent.

Haifisch-Kragen – modisch
Der Haifisch-Kragen ist der modischste Kragen. Die breitgestellte Abart ist vor allem in Italien beliebt und passt besonders gut zu Business-Anzügen. Der Doppelte Windsor und der Kreuzknoten eignen sich hier sehr gut als Krawattenknoten.

New-Kent-Kragen – korrekt
Der New Kent ist ein Kompromiss zwischen Kent- und Haifisch-Kragen. Nicht so breit gestellt wie der Haifisch-Kragen, aber auch nicht so »spitz« wie der Kent-Kragen. Nie »ohne« (Krawatte, Schleife, Plastron) tragen!

Kläppchen-Kragen – vornehm
Der vornehme Kragen für den besonderen Anlass (Gala, Oper und so weiter). Hemden mit Kläppchen-Kragen passen zu Smo-

king, Frack und Cut und sollten immer nur mit Fliege und nicht mit Krawatte kombiniert werden. Der Kläppchen-Kragen heißt auch »Vatermörder«, weil das Tragen früher sehr unangenehm war.

Tab-Kragen – klassisch
Der Tab-Kragen ist der klassische Krawattenkragen. Spezielle Laschen werden hinter dem Krawattenknoten verbunden und drücken so den Kragen ans Schlüsselbein. Die Folge: Der Krawattenknoten wird hervorgehoben.

Was meint die Jury?

: Für den alltäglichen Einsatz haben sich für mich der Haifisch- und der New-Kent-Kragen als völlig ausreichend bewährt. Button Down, Kläppchen und Tab sind ein einziges Gewürge.

: Ich steh auf den Old-School Kent. Hai und New Kent sind modernes Zeugs und sollen freundlicher wirken. Showkanzler Gerd hatte die auch immer. Bin aber keine Grinsekatze.

: Der New Kent ist im Übrigen auch als Windsor-Kragen bekannt. Wird von Prince Charles bevorzugt. Zu diesem Kragen passt auch sehr gut ein asymmetrischer, länglicher Krawattenknoten.

: Hier wird das Niveau jetzt aber hochgeschraubt *g*. Am besten so hoch, dass sich kaum mehr wer traut, mitzuplaudern.

Das wird ja immer bunter hier! Doppelter Windsor? Kreuzknoten? Könnt ihr mir nicht die wichtigsten Krawattenknoten vorstellen, die ich dann einmal zusammen knote, damit ich die Krawatten einfach nur in den Schrank hängen kann?

Das solltest du nicht machen, denn damit ruinierst du dir deine teuren Krawatten. Nach dem Tragen immer schön entknoten und am besten über einen speziellen Krawattenbügel hängen. Aber hier sind die drei wichtigsten Knoten, die für deine Anlässe immer funktionieren und jeden Kragentyp »abdecken«: Der Four-in-Hand-Knoten (lang und schmal, für den Standardkragen), der Windsor-Knoten (breit und dreieckig, für weit geschnittene Kragen) und der halbe Windsor-Knoten (mittelbreit und symmetrisch für normale Kragen). Falls dir die drei Knoten irgendwann nicht mehr reichen sollten, schau bei www.krawattenknoten.info vorbei. Dort gibt es Unmengen an Tipps und Tricks, wie du welchen Krawattenknoten bindest, zu welchen Hemden der Knoten passt, und was man zu welchem Anlass trägt. Hier ein kleiner Auszug aus den möglichen Knoten: doppelter Knoten, kleiner Knoten, Atlantik-Knoten, Diagonal-Rechts-Knoten, halber englischer Knoten, italienischer Knoten, türkischer Knoten, orientalischer Knoten, persischer Knoten, Onassis-Knoten und viele mehr.

Four-in-Hand-Knoten

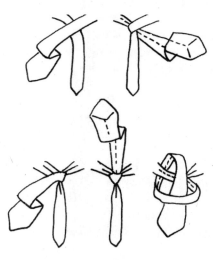

Windsor-Knoten

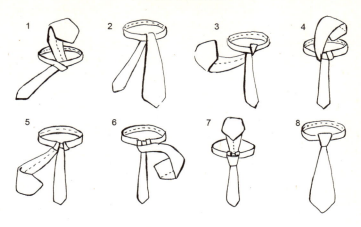

Halber Windsor-Knoten

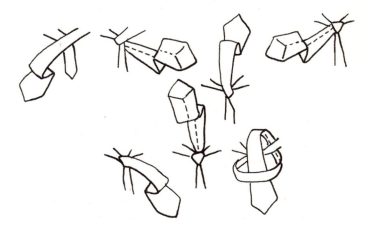

Übrigens: Die Krawatte sollte so gebunden sein, dass sie mit ihrer Spitze die Gürtelschnalle berührt.

Auf der Welt gibt es ungefähr 705 Millionen Männer, die regelmäßig Krawatte tragen. In Deutschland wird vom Deutschen Krawatteninstitut, dem Deutschen Institut für Herrenmode und der KölnMesse seit 1965 jedes Jahr der »Krawattenmann des Jahres« gewählt. Der erste war Hans-Joachim Kulenkampff, 1972 war es Roy Black, 1991 Günther Jauch, 2001 Guido Westerwelle und 2005 kam dann Ulrich Wickert an die Reihe. Zwischendrin (2003) war's dann auch mal Borussia Mönchengladbach. Du hast also auch noch Chancen, Ingo!

Ihr Scherzkekse! Angeblich können geübte Büroheinis ihre Krawatte sogar bei Dunkelheit und mit verbundenen Augen binden. Ich hingegen brauche immer mindestens drei Anläufe, damit das Ding nicht entweder an den Knien hängt oder knapp oberhalb des Bauchnabels endet. Die Frauen haben es da viel leichter. Die müssen nur etwas Schickes anziehen und brauchen kein Studium im Binden von Seemanns- und Krawattenknoten zu absolvieren, um gut auszusehen!

Letzte Woche habe ich übrigens zusammen mit Kathrin zwei neue Anzüge für mich gekauft. Sie behauptete hinterher, dass ich ohne sie wahrscheinlich immer noch Schuhe mit Klettverschlüssen und reflektierende Kinderjacken tragen würde. Na ja, ich habe mich schon etwas dumm angestellt dabei. Aber wer kann denn wissen, dass die die Taschen bei den Jackets extra zunähen? Jedenfalls habe ich mich zunächst lautstark beim Verkäufer über diesen »Fehler« beschwert, bevor mich Kathrin mit einer unmissverständlichen Handbewegung in Höhe der Kehle zum Schweigen gebracht hat.

Peinlich, peinlich, Ingo! Aber grundsätzlich hast du es richtig gemacht: In der Regel hilft es, beim Klamottenkauf eine weibliche Person als Beraterin mitzunehmen. Zudem sind etwa zehn Prozent des starken Geschlechts farbenschwach oder ganz farbenblind. Das erleichtert die Aufgabe des Kleiderkaufs nicht gerade.

Frauen wissen in der Regel sehr gut, was dem modebewussten Mann steht, und du kannst dabei eine Menge lernen. Aber wenn gerade keine Frau zur Hand ist, solltest du es auch selbst hinkriegen. Also: Was musst du über Anzüge lernen, was die Frauen schon mit der Muttermilch aufgesogen haben?

Anzugkauf

Beim Kauf eines Herrenanzugs gibt es ein paar Dinge, die weiterhelfen: Hör auf deinen Berater. Geschickterweise ist das eine weibliche Person, die du mitbringst, oder es ist der Mitarbeiter, der dich professionell beraten kann. Am besten beugst du dem Fehlkauf vor, wenn dich diese beiden Personen beraten!

Teure Anzüge unterscheiden sich meist durch den hochwertigeren Stoff von günstigeren Modellen. Mach ruhig mal die »Knitterprobe«: Nimm ein Stück der Jacke in die Hand und zerknittere das Teil ordentlich. Sieht das Stück nachher immer noch glatt aus? Wenn ja, ist es guter Stoff. Das ist wichtig, wenn du oft Anzüge trägst und nicht ständig wie nach einer Nacht unter der Brücke aussehen willst.

Frag nach, ob die Arm- und Hosenlänge passt und achte darauf, dass keine Tragfalten entstehen, während du den Anzug an hast. Das sieht nämlich ziemlich suboptimal aus. Der Jackettärmel sollte bei nach unten hängenden Armen bis kurz über das Handgelenk gehen. Egal welche Farbe, ob Zwei- oder Dreireiher: Wichtig ist die Passform!

Ach ja: Das Jackett immer von unten her anziehen. Das heißt: Arme nach hinten unten strecken und dann das Jackett anziehen oder reinhelfen lassen. Das Ding ist kein Kapuzenpulli!

Komisch. Genau auf diese Sachen hat Kathrin letzte Woche geachtet.

> Haben wir doch gesagt! Bevor wir weiter »nach unten« gehen, möchten wir aber noch auf ein Thema zu sprechen kommen, das buchstäblich gerne mal zu kurz kommt.

Der Hosenlängentest

★ ★ ★ ★ ★

Das Leben ist viel zu kurz, als dass der Mann von heute es mit stundenlangem Shopping verschwendet. Klamotten-Einkaufsrunden müssen zielorientiert und minutiös geplant sein, damit die präzise Ausführung gewährleistet werden kann. Doch Vorsicht: Augen auf beim Hosenkauf! Hier sparen Männer zu viel Zeit an der falschen Stelle. Es kommt nicht nur auf den Sitz an den Hüften an (»Jawoll, passt, nehm ich, Wiedersehen!«). Ansonsten ist die Hose, wie auch das Leben selbst, zu kurz.

Dabei sollte ein Blick auf die abendliche TV-Talkrunde eigentlich lehren: Noch das gewichtigste Redeargument des Anzugträgers (typische Fälle: Hans-Dietrich Genscher/Marcel Reich-Ranicki) verliert irgendwie an Autorität, wenn die Kamera dabei ein Hosenbein in Capri-Länge fokussiert.

Deshalb: Der Saum des Hosenbeins sollte im Stehen etwa einen halben bis ganzen Zentimeter oberhalb des oberen Schuh-Absatzrandes liegen. Als Ergänzungs-Test beim Hosenkauf empfiehlt sich die Talkshow-Altherrenpose: Du nimmst auf einem Stuhl Platz und schlägst ein Bein übers andere. Zieht sich der Saum dabei bis über den Knöchel, ist die Hose zu kurz. Wenn du dir das angewöhnst, sparst du dir in Zukunft die belustigten Blicke deiner Mitmenschen.

Von selbst sollte sich verstehen, dass diese Regel
a. auch für Jeans gilt,

b. nicht hingegen für ⅞-Hosen, und

c. wertlos ist, wenn du die falschen Socken an hast. Wer die ignoriert, kann sich seine Hosen auch gleich übers Knie krempeln.

Was meint die Jury?

: Sehr gut, mich grausen manche Hosenlängen auch. Schauen die Leute nie in den Spiegel?

: Erstens: Vernünftigerweise enden Hosen etwa zehn Zentimeter über dem Fußboden, dann werden sie nicht so schnell schmutzig. Es ist doch eklig, wenn die Hosenbeine so lang sind, dass sich der ganze Straßendreck daran festsetzt. Zweitens: »Marcel Reich-Ranicki verliert irgendwie an Autorität …« Welche Autorität? Und drittens: Es gibt einen einfachen Test für die richtige Hosenlänge.

1. Laufe durch eine große Pfütze.
2. Gehe durch den Stadtpark.
3. Schau danach, ob die Hosenbeine trocken sind und frei von Hundekot, Kaugummi und Rotze. Wenn ja, stimmt die Hosenlänge.

: Find ich reichlich knallig, »Autorität« über die Hosenlänge zu definieren! Gut, dass wir sonst keine Sorgen haben!

: In welchen Läden kaufst du? Wenn ich eine Hose finde, die gut um Hüfte und Gesäß passt, sind die Hosenbeine meist eine Handbreit zu lang!

: Die so genannten »Standard-Größen« passen leider nicht jedem Menschen. Zum Glück unterscheiden sich die Marken oft im Hosenschnitt, weshalb man seine »Lieblingsmarke« suchen sollte, mit der dann der Hosenkauf optimiert wird. Und wenn die

Hose mal doch zu lang ist: Gegen einen kleinen Aufpreis kann man sich die Hose kürzen lassen.

: Stichwort Anzüge: Maßschneider sind gar nicht sooo elitär, wie man immer denkt. Wer für einen Stangenanzug 300 Euro hinlegen kann (und das ist in vielen Kaufhäusern unterer Durchschnitt), könnte sich fürs gleiche Geld auch einen maßschneidern lassen (Computer-Schnittmusterberechnung drückt die Kosten).

Jungs, ihr werdet mir nicht glauben, was neulich passiert ist. Vor euch tut der Ingo ja immer so cool. Aber zu Hause ... Jedenfalls bin ich gerade auf dem Rückweg vom Einkaufen. Als ich mich mit den schweren Einkaufstüten zur Wohnung schleppe, kommt mir mein Freund entgegen, um mir zu helfen. Mir wird schlecht, und ich bin plötzlich der Ohnmacht nahe: Er hat Bermudas und Sandalen mit weißen Tennissocken an!

Als ich wieder sprechen konnte, habe ich ihn ultimativ dazu aufgefordert, diese Dinger sofort zu verbrennen.

Hey, wo ist da eigentlich das Problem?

Lieber Ingo,
was Kathrin dir damit sagen will: Socken sind ein heikles Thema – was übrigens auch die heißen Diskussionen der Jury zu diesem Thema zeigen. Um Kathrins Nervenkostüm und eure Beziehung zu schonen, notieren wir dir hier das kleine Socken-Einmaleins.

 **Das Socken-Einmaleins**

Bei Sandalen gilt: keine Socken! Bei kurzen Hosen: entweder keine Socken oder so genannte Sneakersocken. Das sind diese Teile, die kurz unter den Fußknöcheln enden.

Nächster Punkt: Tennissocken heißen so, weil man sie NUR beim Tennis trägt. Im zivilen Leben trägt man sie aber weder zu kurzen Hosen noch bis kurz unter die Knie!

Ansonsten gilt folgender Grundsatz: Die Socken sollten sich an der Hosenfarbe orientieren. Ausnahme: schwarze Socken. Schwarz ist eine neutrale Farbe, die fast immer getragen werden kann (außer zu sehr hellen Hosen). Bei schwarzen Hosen sind schwarze Socken allerdings Pflicht.

Was meint die Jury?

: Volle Punktzahl! Die Sandalenhersteller sollten auf den Schuhkartons davor warnen, die innenliegenden Schuhe mit weißen Tennissocken zu tragen!

: Was auch nicht ganz verkehrt ist – die Schuhfarbe mit einbeziehen.

: Es lebe die weiße Tennissocke. Warum sehen das viele Leute so verkrampft?

: Ist doch egal, was Männer anziehen, Hauptsache sie fühlen sich wohl. Am besten wäre, wir hätten alle ein Fell: Morgens aufstehen und schütteln genügt. Und solche Anweisungen, wie und wann welche Socke zu tragen ist, das fällt dann weg.

: Kommt immer auf das »kulturelle« Umfeld an. Soweit ich informiert bin, gelten in den USA ausschließlich weiße Socken als angezogen – dunkle Farben sind da eher ein No-Go!

: Als ob die USA für Kultur und Stil bekannt wären.

: Ich hab nur ein einziges Paar Tennissocken. Und ja, die sehen einfach beschissen aus, sogar auf dem Tennisplatz.

: Wenn ich Sandalen anziehe und keine Socken, dann habe ich am Abend schmutzige Füße. Da finde ich Tennissocken doch recht praktisch. Wenn Tennissocken nur beim Tennis getragen werden dürften, müsste das doch auf der Verpackung stehen. Gerade zu schwarzen Hosen finde ich weiße Socken als Kontrast sehr hübsch. Ich ziehe immer zur Hose komplementärfarbige Socken an, egal was manche Päpste zur Pflicht erklären.

: Also lieber wasche ich mir abends die Füße (was meist eh angebracht ist – wegen Gerüchen und so), als jeden Tag ein Paar Socken anzuziehen, die ja auch nicht sauber bleiben. Oder ziehst du die etwa noch mal an?

: Socken sollten lang genug sein, damit nicht haarige Beine zum Vorschein kommen, wenn »Mann« sich hinsetzt.

: Tennissocken heißen so, weil man sie nur beim TENNIS trägt? Und LAUTsprecher darf man nur LAUT hören?? Und im JÄGER-schnitzel sind Jäger drin???

: Cool finde ich diejenigen, die die Ringel ihrer Tennissocken mit ihrer Anzugfarbe kombinieren. Die sind immer der Brüller bei Meetings und sorgen für ordentlich Lästerstoff.

: Ich kann nicht verstehen, warum erwachsene Menschen in einem freien Land sich nach einem »Dresscode« (Kleiderordnung!) richten. Nieten in Nadelstreifen?

: Man soll sich in seiner Kleidung wohlfühlen! Der eine fühlt sich nur wohl, wenn er Sachen trägt, die »in«, aber vielleicht unbequem sind (psychologisches Wohlfühlen). Der andere fühlt sich nur wohl, wenn ihn nichts drückt oder einengt, selbst wenn die Klamotten total out sind (physisches Wohlfühlen). Was höheren Stellenwert hat, sollte jeder besser selbst entscheiden …

Hmm, so habe ich das noch nie betrachtet. Allerdings ist die Farbe meiner Socken meistens so ein verwaschenes Graubraungrün. Deshalb war ich richtig stolz, als ich neulich dieses Paar nigelnagelneuer Tennissocken ganz hinten im Schrank gefunden habe. Die müssen noch aus meiner Boris-Becker-Phase mit vierzehn stammen. Ja ja, lang ist es her!

Na, dann sind wir ja zuversichtlich, dass die Tennissocken bald auch die allgemeine graubraungrüne Färbung deiner gesamten Wäsche annehmen ...

Sockenpflege

1. Nur Socken aus Baumwolle verwenden.

2. Socken immer eine Nummer größer kaufen.

3. Schwarze Socken sind nicht besonders farbbeständig. Manchmal wundert man sich, woher die dunkelblaue Socke kommt. Diese war auch mal schwarz. Deshalb besser graue oder anthrazitfarbene Socken kaufen.

4. Immer mehrere Socken einer Farbe oder mit gleichem Muster kaufen. Wenn eine kaputtgeht oder von der bösen Waschmaschine gefressen wird, so ist es nicht gleich ein Totalschaden, weil du einfach durchwechseln kannst.

5. Häufig werden Wollsocken mit der normalen 60-Grad-Wäsche gewaschen, weil es sich nicht lohnt, für einige Socken die Maschine anzuschmeißen. Wollsocken laufen aber bei diesen Temperaturen gerne etwas ein. Deshalb gilt auch in diesem Fall: Einfach Socken eine Nummer größer kaufen!

Das ist eine super Idee. Aber was mache ich mit meinen anderen Socken, die alle schon eingegangen sind?

 **Eingelaufene Socken
wieder vergrößern**

Wer kennt das nicht: Nach dem Waschen und Trocknen sind deine Socken oft geschrumpft und passen vielleicht noch deinem fünfjährigen Neffen. Um die Socken wieder auf die alte Größe zu bringen, gibt's einen ganz einfachen Trick: Nimm zwei leere große Plastikflaschen (Cola, Mineralwasser) und stülpe die Socken von unten darüber. Dann machst du die Socken nass und lässt sie wieder trocknen.

Was meint die Jury?

: Was für ein klasse Tipp! Danke – auf die einfachsten Dinge kommt man ja meistens nicht selbst.

: Ich verfahre nach dem gleichen Prinzip bei Heißgetränken in großen Bürotassen. Socke einfach drüberziehen. Das Getränk bleibt länger heiß, und ich verbrenne mir nicht die Pfoten. Habe mir sogar eine Socke stricken lassen, extra fürs Büro! Probiert's mal aus!

: Der Hammertipp! Mit Kondomen funktioniert das übrigens nicht!

: Super und total einfach, danke für den Tipp. Mir spannen die Gummibündchen sowieso immer.

: Gibt es einen Supertrick, wie ich meinen teuren Lacoste-Pullover wieder größer bekomme? Hab ihn mal zu »heiß gebadet«.

: Nach dem Waschen noch feucht an den Ärmeln aufhängen und unten Gewichte dran. Dann wird's schon mal länger. Für die Breite kannst du dann auch noch mal am Pulli ziehen.

: Hast du einen motorradfahrenden Freund mit Goretexklamotten? Wenn ja, dann frag ihn, ob er dir die Jacke mal für zwei Tage ausleiht. Jacke an, dann deinen Pulli nass über die Jacke drüberziehen und auf der Goretexjacke trocknen lassen. Die ist wasserdicht, und du kannst den Pulli sanft in Form ziehen. Wenn das nicht hilft, hilft nichts mehr.

Jetzt sind wir fast »am Boden« angekommen. Nach den Socken wollen wir noch ein paar Worte zu Schuhen verlieren. Wichtig ist eigentlich nur, dass die Schuhe gepflegt und sauber sind und farblich zum Gesamtbild passen. Damit die Schuhe auch über längere Zeit schön bleiben, kannst du einiges unternehmen. Schuhe sind ständig mit dem Boden in Berührung und werden deshalb besonders schnell schmutzig oder bekommen Macken. Am besten du kaufst dir bei Gelegenheit mal so ein Schuhputzset. Da ist so ziemlich alles Wichtige drin, was du zum Schuheputzen brauchst: Bürsten, Schuhwichse, Poliertuch, Wildlederbürste. Beim Kauf von Lederschuhen solltest du unbedingt die Schuhe vor dem Tragen mit Imprägnierspray behandeln. Das gibt's auch direkt beim Schuhverkäufer.

Flecken auf Schuhen

Auf Schuhen findet man immer wieder Flecken. Gegen die meisten kann man ohne großen Aufwand etwas tun: Im Schuhgeschäft gibt es spezielle Schuhradierer, mit denen du Flecken direkt von den Schuhen runterrubbeln kannst. Alternativ hierzu tut es auch ein Schmutzradierer.

Dunkle Gebrauchsstreifen auf hellen Schuhen (etwa auf Hochzeitsschuhen, die eingelaufen wurden) können schonend mit Gesichts-Abschminke entfernt werden. Greift weder Farbe noch Material an. Das funktioniert bei Leder- und Plastikschuhen, allerdings nicht bei Stoffschuhen.

Hässliche Schnee-, Salz- oder Schweißränder bekommst du weg, wenn du die Ränder mit einer aufgeschnittenen Zitrone oder Zwiebel bearbeitest. Danach einfach mit einem feuchten Lappen nachwischen.

Weiße Sport- und Lederschuhe werden mit der Zeit immer grauer. Dagegen helfen Babyfeuchttücher. Ordentlich damit abrubbeln, und schon sehen die Schuhe wieder weiß aus – und duften sogar noch nach Babypopo!

Kleine, aber feine Helferchen! Ich habe mir gleich mal ein Set Schuhcreme besorgt, denn meine schönen Lederschuhe, die ich mir letztes Jahr gekauft habe, sahen bei näherer Betrachtung schon so aus, als könnten sie mal etwas poliert werden. Allerdings ging es dann wohl etwas mit mir durch: Nachdem ich so gut wie alle Schuhe, die mir in die Finger kamen, eingecremt hatte, musste ich feststellen, dass nun in der halben Wohnung Schuhcreme hängt – auf dem Fußboden, meinem Stuhl und meinen Händen sind richtig üble schwarze Flecken. Hilfe!

Keine Angst, Ingo. Du hast wohl nicht gedient? Bei der Bundeswehr gibt es einen einfachen Trick: Zahnpasta auf die Flecken schmieren, etwas einwirken lassen und dann abwischen.

Ich und gedient? Na hört mal, ich wollte ganz straight den Kriegsdienst an der Waffe verweigern! Und dann haben die mich doch tatsächlich wegen irgendeiner Kleinigkeit ausgemustert. Das haben die bestimmt geahnt! Aber by the way: Haben die Bundis auch was gegen diese käsigen Gerüche, die aus so manchen meiner Schuhe aufsteigen?

Klaro: Einfach eine Tüte Backpulver in die Schuhe kippen, gut verteilen, über Nacht »einwirken« lassen und am nächsten Tag das Backpulver mit dem Staubsauger aussaugen. Der Tipp funktioniert so gut, dass selbst Günther Jauch seine Schuhe damit wieder »entmüffelt«! Und hier gleich noch ein Tipp: Vor allem bei Lederschuhen passiert es, dass sie schnell mal Knickfalten bekommen. Dem kannst du vorbeugen, indem du dir Schuhspanner kaufst (die im Kaufhaus sind oft billiger als die im Schuhladen). Die gibt es entweder aus Plastik oder aus Holz. Gerade für Menschen, die stark an den Füßen schwitzen, sind Schuhspanner aus Holz besser geeignet, da sie die Feuchtigkeit im Schuh aufnehmen können. Nach ein paar Tagen solltest du den Schuhspanner übrigens wieder entfernen, da sich sonst der Schuh unnötig weitet.

Wenn du nicht so viel Geld ausgeben willst, dann nimmst du einfach eine PET-Flasche. Die haben ungefähr die gleiche Form und erfüllen so denselben Zweck. Auch für Frauen eignet sich diese Taktik. Die schönen kniehohen Stiefel knicken nicht ständig um, wenn du einen länglichen Gegenstand wie zum Beispiel die leere Papprolle einer Alufolie oder eben die PET-Flasche verwendest, um die Stiefel zu stabilisieren. Zur Not tut's natürlich auch eine zusammengerollte dicke Illustrierte.

125

Aha, interessant. Muss ich gleich Kathrin erzählen. Die ist nämlich gerade von ihrer neuen Arbeit gekommen.

Puh, das war heute ein heißer Tag. Ich hab den Riesenfehler gemacht und bin heute Morgen barfuß in meine neuen Mokassins geschlupft. Bei den Temperaturen hab ich wie verrückt geschwitzt. Nächstes Mal darf ich die Füßlinge nicht vergessen.

**Schwitz-Füße im Sommer:
Nimm zur Not Slipeinlagen**

Mokassins sind in Mode, und barfuß schwitzt man da sehr schnell, wenn es heiß ist. Eine teure Möglichkeit ist, Frottee-Schuheinlagen zu verwenden, die aber nicht immer waschbar sind. Außerdem verkleinern sie ja das Fußbett. In der Not helfen aber auch Slipeinlagen. Man klebt sie morgens in die Schuhe – und abends weg damit in den Mülleimer. Sie saugen den Schweiß auf. Ist natürlich nur eine Notlösung, aber sehr effektiv!

Was meint die Jury?

: Toller Tipp. Slipeinlagen hat man ja eh ständig im Haus. Und das ist immer noch besser als stinkende Füße.

: Ich steck mir immer Tampons zwischen die Zehen – jetzt kann ich's ja zugeben …

: Na ja, die Schuhe sollte man dann allerdings nirgendwo ausziehen, sieht bestimmt blöd aus!

: In jedem Drogerie-Markt gibt es Einweg-Schuheinlagen, die sehen mit Sicherheit besser aus als eine Slipeinlage. Wie wäre es mit einem täglichen Rosmarinöl-Fußbad? Das hilft gegen Stinkefüße.

Unglaublich! Ingo hat unseren besonderen Tag nicht vergessen und Opernkarten für uns zwei besorgt! Wie romantisch! Er ist halt doch ein ganz Lieber, der Ingo! Nur hat er mir gleich gestanden, dass der Reißverschluss an seinem neuen Anzug klemmt. Und an seinem einzigen weißen Hemd fallen ständig die Knöpfe ab, obwohl ich sie jedes Mal wieder annähe. Das nervt! Kann der sich nicht endlich selbst um seine Klamotten kümmern?

Pimp my Pulli – Klamotten in Schuss halten

Auch Kleidung muss hin und wieder gewartet werden. Wenn Knöpfe mal richtig halten sollen, dann einfach mit Zahnseide oder Angelschnur annähen. Alternativ: Den Bindfaden am Knopf mit einem Tropfen farblosen Nagellack fixieren.

Fusseln auf Pullis oder sonstigen Klamotten kann man auf verschiedene Arten entfernen. Dafür gibt es spezielle Fusselrasierer und Fusselbürsten. Es helfen aber auch Einwegrasierer oder Langhaarschneider, mit denen man vorsichtig (!) die Fusseln »abrasiert«. Eine weitere Möglichkeit: Mit Klebeband das fusselnde Kleidungsstück bearbeiten und so die Fusseln abzupfen. Auch möglich: Mit der rauen grünen Seite eines Topfreinigers abreiben.

Laufmaschen hält man mit farblosem Nagellack auf. Wenn der nicht da ist, kann man es noch mit einem Klebstift versuchen.

Wenn man ein Loch in der Hosentasche bemerkt und Nadel und Faden gerade nicht in der Nähe ist, lässt sich das Loch provisorisch gut mit einem Tacker verschließen. Hält auf jeden Fall eine Weile, bis man das Loch zunähen kann, und man verliert seinen Schlüsselbund nicht!

Wenn der Reißverschluss klemmt, einfach mit Seife oder dem Wachs einer Kerze einreiben. Wenn beides nicht da ist, funktioniert auch ein Bleistift, mit dem man die Zacken »bemalt«. Der Graphit schmiert und lässt den Reißverschluss wieder laufen.

… und was mach ich gegen Reißverschlüsse, die von alleine aufgehen?

Aufgehende Reißverschlüsse

Wenn man ständig blöd angeschaut wird, weil der Bauch wieder durch den Hosenschlitz guckt, nach Luft schnappt und der Reißverschluss immer wieder wie von Geisterhand aufgeht, hier der ultimative Tipp: Man nehme einen Schlüsselring und ziehe diesen durch das Loch am Reißverschlusshenkel. Im hochgezogenen Zustand dann den Ring über den Hosenknopf hängen und jetzt die Hose zuknöpfen, damit der Schlüsselring auch nicht vom Knopf abspringen kann. Es klappt super, man kann die Lieblingshose doch noch anziehen und kommt pünktlich zur Verabredung.

Was meint die Jury?

: Super Tipp! Mein Hintern ist in letzter Zeit noch knackiger geworden. Ich war kurz davor, alle Hosen wegzuschmeißen.

⁞ Kenne ich aus meiner frühen Jugend, als meine Jeans noch knalleng sein durften.

⁞ Besser als Sicherheitsnadeln, mit denen man sich dauernd sticht! SUPER!

⁞ Das ist der beste Tipp, den es gibt. Ich wollte meine Hose schon in den Müll schmeißen wegen diesem blöden Reißverschluss.

⁞ Ich mache das auch, allerdings mit einem Stück Schnur oder einem roten Haushaltsgummi. Der Schlüsselring wäre mir zu groß dazu.

⁞ Jungs, ich sehe euch enthakeln, entwirren, durchknipsen, abreißen, wenn ihr mal aufs Klo müsst. Wie wär's mit der netten 5-Euro-Schneiderin um die Ecke?

Ich könnte platzen vor Wut! Wir waren doch gestern in der Oper. Das war wirklich eine super Sache. Dank euren Tipps konnte man mit Ingo sogar richtig unter Leute gehen. Eigentlich ... denn dann sitzt auf einmal mein neuer Chef neben Ingo. Ich hab ihn natürlich sofort freundlich begrüßt und Ingo vorgestellt. Und was macht mein werter Freund? Der redet meinen Chef gleich mit »Du« an und fängt an, ihn zuzutexten. Peinlich! Jetzt werde ich die Probezeit nicht überleben.

Jetzt rege dich mal nicht so auf. Ich fand's ziemlich lustig. Und dein Chef hat sich auch köstlich amüsiert. Schließlich hat er uns nach der Vorstellung gleich noch auf ein Bier eingeladen.

Lieber Ingo,

vor allem in der Berufswelt solltest du auf gewisse Benimmregeln achten, wenn du Sympathiepunkte sammeln willst. Aber
nicht nur beim Chef und bei den Mitarbeitern kann man so
Pluspunkte sammeln. Auch die Dame deiner Wahl (= Kathrin)
wird hoch erfreut sein, wenn du sie mit deinem Benehmen
beeindrucken kannst! Also was tun? Es gibt jedes Jahr einen
neuen Knigge-Führer, und es gibt Hunderte von Seminaren, die
einem gutes Benehmen beibringen wollen. In New York gibt es
sogar einen Fahrstuhl-Knigge, der einem das richtige Benehmen im Aufzug näher bringt. Ganz so ernst muss man das dann
aber nicht nehmen, wenn man ein paar wichtige Grundregeln
beachtet.

Beginnen wir mal mit dem Arbeitsleben. Da habt ihr ja schon
eine Menge von uns erfahren.

Ein Tag im Büro – wie verhalte ich mich?

Hey Boss – die Begrüßung

Der Herr grüßt immer zuerst die Dame, der Jüngere den
Älteren, der Unverheiratete den Verheirateten – diese Regeln könnt ihr sofort wieder vergessen! Wichtig ist: Wer den
anderen zuerst erspäht, der grüßt auch zuerst. Welchen Ton
du dabei wählst, hängt von deinem Verhältnis zur anderen
Person ab. Was natürlich nicht geht: nicht grüßen.

Du oder Sie? Wie sieht die Anrede aus?

Flache Hierarchien haben in die deutschen Büros Einzug gehalten. Das »Du« gehört inzwischen vielerorts schon fast zum
guten Ton. Wenn sich also alle duzen, bist du mit deinem
»Sie« bald der Außenseiter vom Dienst. Allerdings kannst du
nicht jedem einfach das »Du« anbieten. Gerade Vorgesetzte

und deutlich ältere Kollegen müssen das von sich aus tun. Taktisch ungeschickt ist es, ein Angebot zum Duzen abzulehnen. Damit schafft man sich eigentlich ziemlich sicher Feinde. Absolut tabu ist es auch, einfach zum »Du« überzugehen, ohne deinen Kollegen vorher gefragt zu haben.

Rauchen
Rauchen im Büro ist eher unangebracht. Andere zum Passivrauchen zu zwingen, ist nicht die feine englische Art. Der Raucher von heute sucht die Raucherecke auf oder benutzt den extra aufgestellten Aschenbecher vor dem Büro. Lässig eine Kippe im Büro eines Kollegen anzuzünden, ist unhöflich und dreist. Bist du selbst Nichtraucher und hast einen penetranten Raucher im Büro, dann weise ihn einfach höflich auf dein Problem hin und frage ihn, ob er etwas Rücksicht nehmen könnte.

Smalltalk
Nicht jedem liegt die leichte und oft sinnfreie Konversation für zwischendurch. Allerdings schafft die hohe Kunst des Smalltalks Sympathien und ermöglicht oftmals den Gesprächseinstieg. Also: Nicht stur sein und solche Gespräche abblocken, sondern einfach mal mit übers Wetter, den Urlaub oder den Wohnort plaudern.

Gespräche
Bei Gesprächen mit Kollegen ist auch die Körpersprache sehr wichtig. Sie gibt Aufschluss über deine Haltung zu deinem Gegenüber. Das bedeutet konkret: Augenkontakt halten, aber nicht starren. Sei interessiert und zeige das auch durch deine zugewandte Haltung. Steh nicht zu weit weg, aber auch nicht zu nah. Eine Armlänge sollte es etwa sein. Verschränke dabei

niemals die Hände, denn das wirkt unfreundlich und abweisend. Wenn's witzig wird: Lächeln oder ein ehrliches Lachen sind erlaubt. Mache dich aber nicht zum Pausenclown.

Plaudereien

Vor allem neue Mitarbeiter sollten sich mit Lästereien zurückhalten. Viel wichtiger ist es, die internen Strukturen zu erfassen. Wer duzt sich? Welche Pärchen gibt es? Wer geht zusammen essen? Wer den Überblick behält, tritt seltener in Fettnäpfchen.

Kritik

Es gehört zum Arbeitsalltag, mit berechtigter und unberechtigter Kritik konfrontiert zu werden. In beiden Fällen solltest du jedoch höflich bleiben. Wenn du einen Bock geschossen hast, ist ein klares Eingeständnis verbunden mit einer Entschuldigung das einzig Wahre. Bekommst du unberechtigte Kritik ab, so solltest du höflich, aber bestimmt darauf hinweisen, dass es sich nicht um deinen Fehler gehandelt hat. Tabu ist es, dabei gleich den Kollegen, der den Mist gebaut hat, anzuschwärzen. Damit bringst du ihn in Verlegenheit und machst dir keine Freunde.

Betriebsfeier

Betriebsfeiern sind eine hervorragende Gelegenheit, um sich für Jahre den Kollegen als Hampelmann ins Gedächtnis zu brennen. Also: Nicht wie ein wilder Elch in der Brunftzeit herumflirten, und auch den Alkoholkonsum nicht übertreiben. Man steht bei solchen festlichen Veranstaltungen immer unter Beobachtung des Chefs und der Kollegen. Trotzdem ist es empfehlenswert, diese Veranstaltungen zu besuchen und sich nicht davor zu »drücken«. Schließlich möchte man ja auch zum Betrieb gehören und zeigt so seinen guten Willen.

Aber nicht nur im Geschäftsleben sind gewisse Benimmregeln von Vorteil. Ein weiterer wichtiger Punkt sind Tischmanieren. Wer hier Bescheid weiß, der ist bei Geschäftsessen, Hochzeiten oder beim Rendezvous immer im Vorteil!

Also, was gilt es am Tisch zu beachten? Wichtig ist die Sitzhaltung. Wenn du aufrecht, entspannt und ungefähr eine Handbreit vom Tisch entfernt sitzt, dann schaffst du locker ein Vier-Gänge-Menü. Beim Essen sollten die Arme nicht auf den Tisch gelehnt werden. Erlaubt ist es, sie bis zum Handgelenk abzulegen.

Beim Besteck arbeitet man sich von außen nach innen vor. Das Messer ist immer in der rechten Hand, und die Gabel oder der Löffel wird immer zum Mund geführt, nicht umgekehrt. Benutztes Besteck sollte auf dem Teller landen und nicht auf der Tischdecke. Was es mit der Bestecksprache auf sich hat, liest du weiter unten in unserem Cheat.

Eine Stoffserviette wird am Ende so zusammengelegt, dass die Flecken nicht sichtbar sind, und neben den Teller gelegt. Eine Papierserviette wird zusammengelegt auf dem Teller deponiert. Langstielige Gläser werden immer am Stiel angefasst. Bei mehreren Gläsern arbeitet man sich von rechts nach links vor. Das Wasserglas steht rechts. Vor dem Trinken sollte man sich mit der Serviette, die man auf den Knien platziert hat, den Mund abtupfen. Der Gastgeber fordert zum ersten Schluck auf. Dabei gilt wie in der Kneipe mit den Saufkumpels: Augenkontakt beim Anstoßen und ein Trinkspruch darf's schon sein (besser ist aber »Zum Wohl« als »Skol« oder »Prost!«). Aperitifs werden nur vor dem Essen getrunken. Ist das Essen serviert, bleibt er stehen. Beim Weinsortenwechsel wird der »alte« Wein nicht mehr getrunken. Will man bei einer Weinsorte bleiben, so respektiert das der Gastgeber von Welt.

Noch ein kleiner Tipp zum Wein: Hat man einen Wein bestellt, so bietet der Kellner einen ersten Schluck des Weines zur Probe an. Dabei geht es nicht darum, ob der Wein gut schmeckt, sondern ob der Wein korkt, sprich: ob er nicht richtig gelagert war und den Geschmack des Korkens angenommen hat. Man braucht also nicht zu sagen: »Super, schmeckt toll!« Vielmehr reicht ein Nicken des Einverständnisses, dass der Wein genießbar ist. Über den Geschmack kann kein wirklicher Kenner so schnell entscheiden.

Suppe pusten oder schlürfen ist nicht drin und der Suppenteller wird nie gekippt, um den letzten Rest auszulöffeln. Bei einer Suppentasse ist es hingegen erlaubt. Spaghetti werden nie mit dem Messer bearbeitet, sondern am Tellerrand mit der Gabel aufgerollt. Wer das nicht hinbekommt, nimmt den Löffel zu Hilfe.

Bestecksprache

Wenn du die Gabel und das Messer gekreuzt auf den Teller legst, dann heißt das: »Nachschlag, bitte!«

Wenn du die Gabel und das Messer wie ein nach unten geöffnetes V auf den Teller legst, bedeutet das: »Ich mach eine Pause.«

Und wenn du Gabel und Messer parallel auf den Teller legst, heißt das, dass du satt bist.

Brot wird nicht geschnitten, sondern einfach in kleine Stückchen gebrochen, leicht mit Butter bestrichen – und ab damit in die Futterluke! Ach ja, das Kauen nicht vergessen. Kartoffeln werden nicht mit dem Messer, sondern mit der Gabel geteilt. Zusammenmanschen ist ebenfalls absolut tabu.

Lieber Ingo,
mit den richtigen Tischmanieren kannst du jetzt auch die Frau deiner Träume einladen, ohne dich zu blamieren. Wenn du also deine Kathrin todschick ausführen willst, um die Blamage von gestern wieder auszubügeln, dann hilft dir folgende Komplettlösung.

Rendezvous

Grundsätzlich gilt: Beim Rendezvous ist der Mann am Zug. Die Dame darf genießen.

Pünktlichkeit
Sei pünktlich! Auch wenn es vielen Männern schwer fällt. Wenn du die Herzdame warten lässt, dann gibt das gleich dicke Minuspunkte. Falls doch mal etwas dazwischen kommt (dann muss es aber wirklich wichtig oder ohne eigenes Verschulden zustande gekommen sein), dann ruf rechtzeitig an. Ja, genau, dazu hast du dieses Handy!

Betreten des Restaurants
Die Dame wird es zu schätzen wissen, wenn der Mann einen Tisch reserviert und ihr die Tür zum Restaurant aufhält. Natürlich hilft er zuerst der Begleiterin aus dem Mantel, danach bringt er diesen zur Garderobe, wo er auch seinen Mantel aufhängt. Beim Verlassen des Restaurants läuft's dann in umgekehrter Reihenfolge.

Bestellung

Bei der Bestellung kannst du ruhig Empfehlungen aussprechen. (Du solltest das Restaurant dafür aber auch kennen.
Wer die Speisen nicht richtig aussprechen kann, sollte besser
ebenfalls die Finger davon lassen.) Damit kannst du dann im-
plizit den »finanziellen Rahmen« vorgeben. Die Dame muss
sich natürlich nicht an den Vorschlag halten, sollte aber ein
Gericht in dieser Preisklasse wählen. Bestellen darf dann jeder
für sich. Auch die Weinauswahl ist keine Männersache mehr.

Reklamation

Wenn irgendwas nicht passt, dann solltest du sofort rekla-
mieren – hinterher bringt's nichts mehr. Dabei immer höflich bleiben, denn der Kellner kann nichts dafür, er hat das
Essen serviert und nicht gekocht. Deshalb ist ein ruhiger und
sachlicher Ton angebracht, um dem guten Herrn das Problem
zu schildern.

Rauchen und Make-up

Rauchen ist grundsätzlich erst nach dem Essen erlaubt. Und
auch dann nur, wenn alle Tischgäste einverstanden sind.
Make-up auffrischen sollte die Dame auf der Toilette.

Bezahlen

Natürlich zahlt derjenige, der zum Essen eingeladen hat. Als
Eingeladener schielt man dabei nicht auf die Rechnung, diese
Neugier wirkt unhöflich. Um die Situation von vornherein zu
vermeiden, kann der Gastgeber sich auch entschuldigen und
die Rechnung direkt an der Theke bezahlen.

BALKONIEN & GRILLEN

Ahh, es ist Freitagnachmittag, endlich. Was ist besser als ein Sommerwochenende? Richtig, ein Sommerwochenende mit Grillabend! Du sitzt auf dem schattigen, von grünen Pflanzen umrankten Balkon, deine Freundin hat dir gerade ein eiskaltes Bier aus dem Kühlschrank gebracht, und an der Flasche bilden sich diese herrlichen Kondenswassertröpfchen.

Jetzt muss nur noch der Grill in Schwung gebracht werden, und dann beginnt das Leben. Nur dumm, dass das mit dem Anzünden immer so ein Heckmeck ist. Letztes Wochenende gab es schon Stress mit unseren Nachbarn von oben, weil die sich durch unsere »Abgase« belästigt gefühlt hatten. Na, ich habe beim Anfeuern auch ganz schön Rauchzeichen gegeben.

Aber wirklich: Es muss doch etwas qualmen, wenn man den Grill anzündet, oder? Allerdings ist das heute mal wieder besonders dichter Rauch, der gerade unseren Balkon zur Nebelbank macht. Wo war denn jetzt noch mal die Balkontüre? Wenn ich die jetzt nicht ganz schnell zumache, wird Kathrin bestimmt stinkig …

Wenn jetzt nicht jemand die Feuerwehr ruft, dann tue ich es. Letzte Woche hätten wir sie echt brauchen können, als Ingo mal wieder meinte, er müsse noch Feuerzeugbenzin ins offene Feuer gießen. Gut, dass die Haare wieder nachwachsen, allerdings fand ich diese Voku-Hila-Frisuren früher schon echt prollig. Sagt mal, Jungs, könnt ihr uns nicht mal ein paar gute Tipps zu diesem Thema geben?

Liebe Kathrin, lieber Ingo,
auch wenn Männer immer die Pole Position am Grill für sich beanspruchen, heißt das noch nicht, dass sie auch schon die

geborenen Barbecue-Chefs sind. Manch einer hat vielleicht die Grundausbildung bei den Pfadfindern genossen, doch auch das ist schon eine ganze Weile her. Aber natürlich haben wir auch mal ein paar Tipps, damit der Grillabend in Zukunft entspannt und ohne Kohlenmonoxid-Vergiftungen abläuft.

Grillbriketts anzünden ★★★☆☆

Grillbriketts lege ich immer in leere Eierkartons; wenig (!) Spiritus drüber, kurz warten, bis der Karton sich ein bisschen vollgesogen hat und dann mit Sicherheitsabstand mit einem Gasanzünder od. langem Streichholz entzünden.

So läuft der Spiritus nicht unkontrolliert in jede Ritze des Grills und entzündet sich da, wo man ihn braucht, nämlich direkt an den Briketts!

Was meint die Jury?

: Das ist ja mal ein klasse Tipp! Danke!

: Das werde ich gleich beim nächsten Grillen ausprobieren.

: Geht auch Prima ohne Spiritus, einfach 'ne Lage mehr an Eierkartons nehmen und ab und an mal etwas wedeln. (Das mit den Kartons hat mir übrigens mal meine Oma erzählt.)

: Der Flammpunkt von Spiritus ist zu niedrig (etwa 78° C, da Ethanol). Verpuffung und zu schnelles Abbrennen sind die Folge! Nicht gerade ungefährlich!

: Es gibt ja daher flüssigen Grillanzünder – wieso den nicht mit Eierkartons kombinieren?

∶ Ups! Das war der Siedepunkt, Flammpunkt liegt bei 12° C – der von Grillanzünder bei etwa 65° C! Ist daher bei Weitem nicht so gefährlich!

∶ Spiritus sollte man beim Grillen nicht herumstehen haben, weil immer irgendein Volldepp meint, er müsste mal ein bisschen »nachhelfen«. Also bitte, auch wenn die Absichten des Gastgebers die besten sind, Spiritus fernhalten! Es gibt genügend ungefährliche Methoden, ein Grillfeuer anzuzünden und zu unterhalten.

Natürlich geht es auch ganz ohne chemische Hilfen. Wie überhaupt das Grillen eine Frage des persönlichen Stils ist: mit oder ohne Anzünder, auf Rost oder in Alufolie, über Kohlen oder mit Gas und, und, und. Aber schön langsam, Schritt für Schritt: Wir werden euch jetzt in aller Ruhe alles Wissenswerte und die besten Tipps zu diesem wahrhaft heißen Thema liefern.

Feuer ohne Grillanzünder: der »Kamin« aus Papier

Hier eine Methode aus Chile: Du nimmst eine Wein- oder Bierflasche und stellst sie mitten auf den Grillboden. Daraufhin nimmst du ein Zeitungsblatt und rollst es der Länge nach auf (am besten noch etwas verdrehen). Dann wickelst du es unten um die Flasche. Das wiederholst du so oft, bis die Flasche vielleicht zwanzig Zentimeter hoch von »Zeitungsblätterringen« umgeben ist (je nach geplanter Feuergröße und Kohlemenge mehr oder weniger). Im Anschluss schichtest du Kohle- oder Brikettstückchen um diesen Turm, wobei die größten Stücke nach Möglichkeit tief unten und nah an der Flasche liegen sollten. Wenn das Werk steht (ist alles insgesamt eine Arbeit von höchstens fünf Minuten), die Flasche nach oben hin vorsichtig (!!!) herausziehen. Nun mit einem Streichholz oder Feuerzeug einen Papierstreifen oder Papierknäuel anzünden und damit im »Papierschornstein« Feuer legen (tief unten anfangen).

Im Normalfall sollte das schon reichen, damit die Kohlen bald richtig glühen. Falls nicht, etwas blasen, die übrig gebliebenen Papierknollen glühen schnell stark auf, und die Glut geht auf die Kohle über. Klappt garantiert, und der Wochenanzeiger erfüllt auch seinen Zweck.

Jajaja, langsam wird das was mit meinem Feuer. Jetzt muss nur noch die Glut in Schwung kommen, so dass wir lecker »grillieren« können. Ah, da kommt ja auch schon unser Besuch. Ich muss noch Getränke aus dem Keller holen, dann kann es losgehen. Bei uns läuft das heute nicht mehr so kompliziert wie früher. Was war das immer für ein Akt, wenn meine Eltern zum Grillen eingeladen hatten. Sie hatten die ganze Arbeit, alles war generalstabsmäßig bis ins kleinste Detail durchgeplant. Es musste Fleisch eingekauft, verschiedene Salate gerichtet, der Tisch sauber gedeckt, verschiedene Getränke serviert, Brot geschnitten und der Nachtisch gemacht werden. Und das alles blieb am Gastgeber hängen! Wie ätzend!

Heute bringt jeder ein bisschen was mit, das was er gerne mag, da wird per SMS ausgemacht, was noch fehlt, da wird improvisiert, selbstbedient, das getrunken, was da ist und dann geht's los mit der Party. Das ist einfach herrlich spontan, oder?

Ja super spontan. Während Ingo langsam mal beginnt, die Bierkiste aus dem Keller zu holen, hat er mich vor dem qualmenden Grill postiert, um die noch leicht kränkelnde Glut auf Vordermann zu bringen. Ich soll einfach ordentlich reinpusten, hat er zu mir gesagt. Bloß dass mir schon nach wenigen Minuten total schwindelig und schlecht geworden ist. Außerdem habe ich mir auch fast noch das Gesicht verbrannt. Das ist ja ein ganz schöner Sch...!

Liebe Kathrin,
warte mal, du musst dir nicht deine Nase ankokeln. Lies besser mal den Tipp hier.

Pusteschonend blasen   ★ ★ ★ ☆ ☆

Wenn man beim Feueranzünden Wind machen möchte, entsteht er am stärksten, wenn man dazu eine leere Küchenrolle oder ein ähnliches Rohr nimmt: Dieses setzt man nicht direkt an den Mund, sondern hält es etwa zwanzig Zentimeter davon entfernt und bläst langsam und konstant. Der dadurch entstehende Wind ist stärker und zielgerichteter als einfaches Pusten (Trick der Mataco-Indianer in Nordargentinien).

Was meint die Jury?

: Woher kannten denn diese Indianer leere Küchenrollen? Hä?

: Keiner hat behauptet, dass die Mataco-Indianer Küchenrollen kannten.

: Aber Rohre kannten die, was? Rohre! Rohre! Meine Güte, Indianer mit Rohren!

: Aber ja, das müsstest du als Rohrverleger doch wissen: Blasrohre haben die etwa gekannt. Und denk mal ganz in Ruhe über sonstige rohrförmige Naturprodukte nach: Schilf, hohle Äste, hohle Tierknochen ... Capito?

: Tippergänzung: Mit dem Rohr nicht zu nah rangehen, nicht dass sich noch einer das Goscherl verbrennt.

: Man helfe den Hilflosen und den Trotteln!!! Eine Heißluftpistole ist effektiver und schneller.

: Woher nehme ich in der Wildnis eine Heißluftpistole? Und wo finde ich abseits der Zivilisation eine Steckdose? Oder bist du gar eine Heißluftpistole?

Das ist ja alles schön und gut. Die Glut ist jetzt auch was geworden. Aber könnt ihr uns vielleicht noch verraten, was wir machen müssen, damit Ingo beim Grillen des Fleisches nicht immer zähe Schuhsohlen produziert?

Einfach ein saftiges Fleisch zubereiten

★ ★ ★ ☆ ☆

Um mit einfachen Mitteln das perfekte Fleisch zu bekommen, brauchst du lediglich einen Grill mit verschiedenen Höheneinstellungen. Also, als Erstes stellst du den Grillrost auf die niedrigste Stufe! Anschließend legst du das Fleisch kurz (!) auf den Grill. Dies dient dazu, dass beim Fleisch die Poren verschlossen werden und der Saft nicht mehr austritt. Nach kurzem Angrillen kannst du den Rost wieder je nach Belieben verstellen und das Fleisch nach Bedarf auch knusprig anbraten, ohne ein trockenes Stück auf dem Teller zu haben.

Was meint die Jury?

: Hat Fleisch denn überhaupt Poren? Hab irgendwo gelesen, dass das Quatsch ist.

: Zitat Jürgen Dollase, »Geschmacksschule«, Wiesbaden 2005, S. 34: »… das Fleisch die meiste Zeit in Bewegung halten. Wenn es zu lange bei zu großer Hitze an einer Stelle liegt, verliert es zu viel Saft und wird zu dunkel. Übrigens: ›Poren verschließen‹ gibt es nicht. Das Fleisch hat keine Poren, die man verschließen könnte. Aber es verliert durch zu große Hitze viel Wasser/Saft.«

: Fleisch hat keine Poren, aber es hat Kapillaren, durch die beim Erhitzen Flüssigkeit austritt.

: Genau, und eben diese Kapillaren kann man an der Oberfläche mit kurzem starkem Erhitzen durch das Denaturieren der Eiweiße und Karamellisierung des im Fleisch enthaltenen Zuckers verschließen, so dass kein oder zumindest weniger Fleischsaft aus dem Stück austritt.

: Nur Haut hat Poren. Habe aber selbst beim Bio-Schlachter bisher kein Steak mit Haut kriegen können.

Saftiges Fleisch auch beim Grillen: Mit Zucker ★ ★ ★ ★ ☆

Da ja bekanntermaßen beim Grillieren das Fleisch oft austrocknet, hier die Lösung: Das Fleisch zuerst marinieren/würzen, wie üblich. Dann rundherum Zucker drüberstreuen, aber nicht allzu viel. Das war's auch schon … Normal grillieren, normale Dauer. Aber das Fleisch (egal ob T-Bone oder Hühnchen) ist saftig!

Es funktioniert, weil der Zucker schnell karamellisiert und die Kapillaren zumacht. So bleibt der Saft drin! Echt lecker!

Was meint die Jury?

⁝ Aha! Darum ist das Fleisch in deinem Steakhouse immer so saftig??

⁝ Wow ... klingt echt gut.

⁝ Habe das an einer Schweineschulter ausprobiert. Resultat: die Zuckerschicht war schneller zu Kohle geworden als das Fleisch durch war. Hab trotzdem weitergemacht. Nach Entfernen der Kohle habe ich zartes und saftiges Fleisch vorgefunden.

So, das sollte eure kleinen Grillpartys am Freitagabend auf dem Balkon richtig in Schwung bringen. Aber wie ist es mit dem fachgerechten Brutzeln, wenn mal ein richtig fettes Barbecue auf dem Programm steht? Kein Problem, da haben wir für euch einige gute Tipps.

Lecker »indirekt« Grillen ★★★☆☆

Am besten gelingen dir große Fleischstücke wie Braten, Schweineschulter oder Haxen, wenn du sie indirekt in einem geschlossenen Kugelgrill garst. Dazu bedeckst du nur eine Hälfte des Kohlerostes mit viel Kohle. Die Glut hält dann über die ganze Zeit, der Deckel muss geschlossen bleiben; die Lüftungen unten und im Deckel bleiben offen. Das Fleisch legst du auf die Seite des Grillrostes, die nicht über der Kohle ist. Die Lüftung des Deckels ist über dem Fleisch. Gleich zu Anfang kann man kleine Buchenholzscheite oder noch besser Reste vom Schnitt von Weinstöcken oder wildem Wein auf den Rost über die Glut legen. Bei geschlossenem Deckel kokelt das Holz vor sich hin und räuchert gleichzeitig das Fleisch. Ab und zu macht man den Deckel kurz auf. So werden etwa die Speckschwarten auf der Schweineschulter oder der Haxe langsam richtig kross und verbrennen nicht.

Bei vielen Gästen solltest du damit etwa eine Stunde vor der Party anfangen. Dann ist das große Stück Fleisch für den ersten Hunger fertig. Andere Stücke kannst du dann, nachdem du Kohle nachgefüllt hast, offen direkt oder wieder indirekt schnell grillen.

Was meint die Jury?

: Indirektes Grillen ist genial für fleischige Gelüste, da der Backofeneffekt ausgenutzt wird. Lediglich die Wurst sollte auf offener Flamme gegrillt werden.

: »Lediglich die Wurst sollte auf offener Flamme gegrillt werden.« Klar, damit das Fett schön ins Feuer trieft und einen dicken rußigen Belag auf der Wurst erzeugt.

: Es gibt auch Wurst von besserer Qualität, die nicht vor Fett trieft, wenn du sie grillst.

: Meines Erachtens gibt es keine Wurst ohne Fett. Auch die teuerste Wurst vom Fleischereifachbetrieb enthält Fett, das beim Grillen ins Feuer trieft.

Als wir vor ein paar Wochen bei meiner Kollegin zum Grillen eingeladen waren, war es echt gemütlich. Das Tollste war, dass es ein reiner »Frauenabend« war. So richtig typisch: mit Nägel feilen, tratschen, lachen, Sekt trinken, über Kollegen lästern und auf Aluschalen grillen. Da wird das Fleisch und vor allem das Gemüse nicht so schnell schwarz, es tropft nix in die Glut, es entsteht fast kein Rauch und es bleibt mehr Zeit zum Reden, weil es länger dauert.

Ah, zum Thema »Kein Fett in die Glut« haben wir auch noch einen etwas ungewöhnlichen Tipp.

Grillen mit Glaskeramikfeld ★ ★ ★ ★ ☆

Wer kennt ihn nicht, den heißen Stein? Leider ist mir der heiße Stein zu teuer. In der Garage habe ich dafür ein altes Glaskeramikfeld gefunden. Ich habe das Glaskeramikfeld vollkommen ausgeschlachtet und wollte es zur Verwertungsstelle bringen. Da hatte ich die Idee: Warum nicht das Ganze auf die Holzkohle und darauf grillen?

Ein Glaskeramikfeld hält ganz schön viel Hitze aus (etwa 1200 Grad). Gesagt getan! Anstatt des Rostes das Glaskeramikfeld drauf – und es funktionierte! Eine schöne große Fläche und am Randbereich eine »Warmhaltezone«. Kein Qualm, da nichts ins Feuer tropft. Ideal für diejenigen, die kein »wie Kohle verbranntes« Fleisch haben möchten. Fleisch, Kartoffeln, Gemüse, Zwiebeln und so weiter: perfekt. Am Ende ein wenig Wasser, Wein oder Bier draufkippen, das ergibt einen köstlichen Grill-Braten-Fond. Außerdem braucht man keine Grillzange, sondern nur einen Spachtel.

Ach ja, nachdem es ein wenig abgekühlt ist, das Glaskeramikfeld gleich mit Spülwasser reinigen.

Was meint die Jury?

: Funktioniert!

: Wie? Der Tipp ist gerade mal zwei und eine halbe Stunde alt, du hast ihn also gleich ausprobiert, weil du ja ein Glaskeramikfeld rumliegen hattest und zum Frühstück schon grillen wolltest? Klar, ich glaube dir, es funktioniert …

⁞ Auch wenn der Tipp erst zweieinhalb Stunden alt ist: Es soll tatsächlich Leute geben, die das schon vor ein paar Jahren ausprobiert haben. Erst denken – dann schreiben …

⁞ Super-Idee, besser geht's nicht! Leider habe ich kein Glaskeramikeld, werde aber den Tipp bei Gelegenheit weiterempfehlen!

⁞ Na ja, ich glaube, das hat nur noch wenig mit Grillen zu tun. Das kann man eher als anbraten sehen. Zum Grillen gehört Rauch.

⁞ Stimmt schon. Aber dann gehört auch mal deutlich gesagt, dass bereits das Herumfuhrwerken mit (umweltschädlichen) Aluschalen auf dem Rost ebenfalls nichts mehr mit Grillen zu tun hat.

⁞ Ja, wenn ich die Wahl habe zwischen reinem Acrylamid und Acrylamid mit Aluminiumstaub, dann nehme ich doch lieber die Reinform …

Nun gut, ein wenig exotisch vielleicht, aber wem es Spaß macht …
    Hier mal die Komplettlösung für sauberes, rauch- und rußfreies Fleisch von der Freiluftkochstelle. Wenn du diese Regeln beachtest, wird sich nicht mehr ständig der Himmel über dir verdunkeln.

Das Grill-Einmaleins

Um richtig gut und gesund zu grillen und trotzdem nicht auf das typische Holzkohlearoma verzichten zu müssen, beachtest du Folgendes:

Den Grill erst belegen, wenn eine weiße Ascheschicht über der Kohle ist. Dafür darf's auch etwas mehr Kohle sein.

Am besten eignet sich ein Eierkarton zum Anzünden. Einfach zerreißen und anzünden. Das ist billig, stinkt nicht und ist umweltfreundlich.

Die Kohle ringförmig an den Rand des Grills legen. In die Mitte eine Alu-Grill-Schale legen und darüber das Grillgut positionieren.

Das Grillfleisch mit Küchenkrepp abtupfen, bevor es auf den Grill kommt, dann tropft nix und der Rost bleibt erheblich sauberer. Das spart auch Zeit beim lästigen Saubermachen.

Steaks nie mit der Gabel anstechen oder wenden, dadurch läuft der Saft aus und das Steak wird zur Schuhsohle. Lieber eine Grillzange verwenden, dann bleibt's schön saftig!

Grillgut nie mit Bier ablöschen, auch wenn's lecker schmeckt und gut riecht. Denn danach hat man nur Asche am Fleisch. Eine gute Glut brennt nicht!

Würstchen vorher mit der Gabel anpieken, dann platzen sie nicht auf dem Grill!

Woran merkt man, ob das Fleisch durch ist? Drück mit dem Finger aufs Steak: Fühlt es sich so an, als ob du mit dem Finger auf den Daumenballen drückst, dann ist es genau richtig! Na dann, guten Appetit!

Mein bester Freund kauft ja sein Fleisch grundsätzlich bei Aldi. Das ist schön »ginschtig«, wie er sagt, und überhaupt von der Qualität auch nicht schlechter als beim Metzger um die Ecke. Aber man hat da ja schon so viel Schlechtes gehört, vor allem in den Medien. Ehrlich, ich habe da ja überhaupt keine Ahnung. Wo kriege ich denn heute eigentlich noch richtig gutes Fleisch her?

Lieber Ingo,
das ist natürlich eine schwere Frage. Die Verbraucherzentrale schreibt zu diesem Thema:

»Fleischeinkauf ist zwar Vertrauenssache, aber deswegen ist das Fleisch aus dem Supermarkt noch lange nicht immer schlecht und das vom Metzger nicht immer gut. Viele Supermärkte bieten heute schon Fleisch aus Markenfleischprogrammen an, beteiligen sich an Qualitätssicherungssystemen u. ä. Durch den Einkauf in größeren Mengen können sie Fleisch oftmals günstiger anbieten als der Metzger um die Ecke. Dafür kennt dieser seine Fleischlieferanten oft persönlich, die Transportwege waren besonders kurz oder er hat die Tiere vielleicht sogar selber geschlachtet, hat Fachinformationen zu geeigneten Teilstücken und zur Zubereitung. Aber auch im Supermarkt sollte man qualifizierte Auskunft über Herkunft und Aufzucht der Tiere bekommen können, anonyme Billigware besser meiden.«

Grundsätzlich kannst du schon über Aussehen und Anfühlen ein gewisses Urteil über die Qualität und die Frische des Fleisches treffen. Schweinefleisch sollte gleichmäßig rosa bis dunkelrosa sein, Rindfleisch dunkelrot. Achte beim Kauf auch auf die Marmorierung, das ist der so genannte intramuskuläre Fettanteil im Fleisch selbst. Nein, nicht der Fettrand, Kathrin. Leicht marmoriertes Fleisch ist meistens aromatischer als mageres, denn schließlich ist Fett der Geschmacksträger.

Lammfleisch sollte hellrot bis rot sein, Wildfleisch dunkelrot, auf keinen Fall leicht bräunlich. Dann ist es nämlich nicht mehr frisch. Fleisch sollte immer einen frischen Glanz haben und nicht schmierig sein. Es muss fest sein und darf sich nicht leicht eindrücken lassen.

Du kannst dich beim Fleischkauf natürlich auch nach bestimmten Gütesiegeln richten. Allerdings sollte man hier durchaus auch kritisch vorgehen, denn nicht jedes »Qualitätssiegel« ist wirklich aussagekräftig. Letztlich gibt es hier keinen anderen Weg, als sich umfassend zu informieren und – auszuprobieren. Denn bei allen äußeren Merkmalen soll dir das Fleisch ja auch schlicht schmecken!

Jetzt bin ich aber froh, dass ich es mir aufgeschrieben habe, das Rezept, mit welchem unser Besuch sein Fleisch eingelegt hatte. Ich darf nur Ingo nichts davon erzählen. Wenn er nämlich erfährt, dass da viel gutes Bier reingemischt wird, will er nichts anderes mehr. Soll ich es euch verraten?

Au ja, wir wollen doch auch mal was von dir lernen! Aber lass uns erst noch etwas Allgemeines dazu sagen.

Fleisch selbst marinieren

Kauf dein Grillfleisch nicht abgepackt, sondern frisch beim Metzger deines Vertrauens, und lege es selbst ein (= marinieren). Du wirst sehen, es schmeckt nach ein paar »Probemarinaden« um ein Vielfaches besser als das fertig marinierte.

Erstens kannst du die Geschmacksrichtung selbst wählen und zweitens ist das frische Fleisch vom Metzger einfach oft von anderer Qualität.

Beim Marinieren werden Lebensmittel wie Fleisch oder Fisch haltbar gemacht, ihnen wird ein spezieller Geschmack verliehen und/oder es wird auf eine weitere Verarbeitung vorbereitet.

Vermutlich ist der Begriff dadurch entstanden, dass Lebensmittel für die Marine haltbar gemacht werden sollten beziehungsweise dass die Lebensmittel früher in Lake (aqua marina) eingelegt wurden.

Vorgehensweise:
Du legst die Lebensmittel einige Stunden oder auch mehrere Tage lang in die Marinade ein. Diese besteht im Regelfall aus Essig, Weißwein oder Rotwein und verschiedenen Kräutern und Gewürzen. Die Marinade kann auch Öl, Ketchup, Honig, Zitronensaft oder Joghurt enthalten. Auf Salz solltest du verzichten, da es dem Fleisch Flüssigkeit entzieht und so der saftige Geschmack leidet.

Was passiert da:
Essig und Weißwein hemmen die Bildung von Bakterien und zersetzen das Eiweiß im Fleisch. Dadurch wird es mürbe, was zu kürzeren Garzeiten führt. Kräuter und Gewürze geben den Lebensmitteln verschiedene Geschmacksrichtungen. Besonders beliebt ist das Marinieren bei der Vorbereitung von Grillfleisch.

So, jetzt verrat uns mal dein Rezept, Kathrin!

**Kathrins Altbiermarinade für
Koteletts zum Grillen**

Für etwa zehn Koteletts brauchst du
0,5 l Altbier (egal, welche Marke, aber bitte kein alkoholfreies)
½ Flasche Tomatenketchup
etwa 2 EL Senf
2 Zwiebeln
gemahlener Pfeffer und Salz, ruhig kräftig würzen
ganze Pfefferkörner
Wacholderbeeren

So wird es dann gemacht: Du nimmst eine große Schüssel und schneidest zuvor die Zwiebeln in Scheiben. Anschließend schichtest du die Koteletts abwechselnd mit den Zwiebeln in die Schüssel. Wenn du das alles getan hast, nimmst du dir eine Rührschüssel und einen Rührbesen und mischst das Bier, Tomatenketchup, Senf, Pfeffer und Salz, Pfefferkörner und die Wacholderbeeren.

Anschließend gibst du diese Mischung zu dem Fleisch und den Zwiebeln in die Schüssel. Dann das Ganze abdecken und über Nacht ab in den Kühlschrank (oder dahin, wo es halt kühl ist). Am nächsten Tag ist das Ganze dann echt mal lecker auf dem Grill (die Koteletts kann man während des Grillens immer noch mit der Marinade bestreichen).

Was meint die Jury?

: Ist hier genau wie bei den Muttis, alles egal, Hauptsache Alk drin! *Scherz* Nein, im Ernst, sollte man(n) mal probieren, ist genau mein Ding!

: Schmeckt wirklich lecker, ist aber schade um das Bier.

: Kannst ja hinterher die Marinade filtern und Punsch draus machen.

Gegrillte und gefüllte Hähnchenbrust

1 kg Hähnchenbrust
1 mittelgroße Zwiebel
3–4 Knoblauchzehen
4–5 getrocknete Tomaten
20 g Semmelmehl
100 g Reibekäse
Balsamicoessig
Olivenöl
1 Eigelb
Salz
Pfeffer
ital. Kräuter (etwa Knorr Kräuterlinge zum Streuen)

Tomaten, Knobi und die Zwiebeln fein würfeln. Alle anderen Zutaten in eine Schüssel geben und gut verrühren. Gewürzt wird nach Geschmack. Nun Taschen in die Hähnchenbrüste schneiden und füllen, mit Zahnstochern oder Ähnlichem fixieren und etwa 15 Min. bei nicht zu großer Hitze rundherum grillen.

Was meint die Jury?

: Vier Knobizehen scheinen mir doch recht heftig, zumindest für Leute, die am nächsten Tag Kundenkontakt haben.

: Alternativ wäre eine Füllung aus Mais und Ananas – ohne Knobi – mit Curry-Sauce. Aber das wäre dann ein anderes Rezept.

: Wegen der Salmonellengefahr scheint mir die Grillzeit zu knapp bemessen. Ich würde ruhig noch ein bisschen zugeben.

: Knorr Kräuterlinge? Ne, danke. Lieber nehme ich richtige Kräuter. Dieses Einheitsgewürz mit fragwürdigen chemischen Zutaten kommt mir nicht ins Haus.

: Manche Leute stellen sich vielleicht an, es ist doch nichts Schlimmes, wenn man ab und an mal ein Fertigprodukt verwendet. Das machen sogar die Profis.

Honiggrillfleisch

Man(n) oder Frau benötigt
*etwa 200 g Fleisch (Minutensteaks, Schweinebauch vom
Discounter/Metzger deiner Wahl) pro Person
und für die Marinade (je nach Geschmack)
3–5 EL Honig
2 Knoblauchzehen
1 Zwiebel
Öl (Sesam oder Oliven)
Zitronensaft
Soja-Sauce
Pfeffer
Zucker
Kräuter der Saison oder des persönlichen Geschmacks*

Nun alle Zutaten für die Marinade fein pürieren, und das Fleisch über Nacht, besser noch 30 Stunden, gut gekühlt, marinieren. Auf Holzkohle grillen, mit Toast und Salat servieren.

Was meint die Jury?

: Klingt interessant. Statt Soja-Sauce geht bestimmt auch Maggi.

Hey, ich habe auch noch ein Rezept!

Legger Knobi-Sauce zum Grillen und Dippen

Du brauchst:
1 großes Glas Miracel Whip Balance
1 große Tube Mayonaise
Sambal Oelek
Zucker
etwa 8–10 Knoblauchzehen (je nach Geschmack)

Miracel Whip und Mayo in eine Schale geben, schön umrühren. Dann etwa ein halbes Glas Sambal Oelek dazu (sodass es eine schöne lachsfarbige Sauce ergibt). Zwei Teelöffel Zucker und 8–10 frische Knoblauchzehen (kein Knoblauchgewürz).

Alles schön umrühren und im Kühlschrank ziehen lassen. Mindestens zwei Stunden vor dem Essen aus dem Kühlschrank nehmen. Am besten einen Tag vorher zubereiten, damit die Sauce gut durchgezogen ist.

Was meint die Jury?

: »1 großes Glas Miracel Whip Balance
  1 große Tube Thomy Mayonaise
  Sambal Oelek« = gekocht???

: Geschüttelt oder gerührt?

: Ist bestimmt lecker, klingt aber ein bisschen fettig.

: Find ich super, das Rezept. Leicht nachzumachen.

Gemüsepacks – vegetarisch Grillen

Bei uns hat sich folgendes Rezept zum Grillen als Standard etabliert und sogar Fans bei den Fleischfressern gewonnen:

Du brauchst
Alufolie
1 Aubergine
1–2 Zucchini
1 Gurke
2 Paprika
1 Feta-Käse
Olivenöl
ggf. 1–2 gekochte Kartoffeln (geht aber auch ohne)
2 Knoblauchzehen

Einfach das ganze Gemüse in Würfel scheiden, den Feta natürlich auch. Danach mit etwas Olivenöl und den gepressten oder zerhackten Knoblauchzehen in eine Schüssel geben. Nach Belieben mit den Standards würzen. Dann kräftig umrühren und eine Stunde ziehen lassen (wenn Zeit ist, auch länger, dann zieht der Knoblauch richtig ein).

Die Alufolie in Stücke reißen (wie groß muss jeder selber wissen), und das Gemüse somit portionieren. Es sollten dann mehr oder weniger kleine Alu-Pakete entstehen, das Gemüse also mit der Folie richtig schön umwickeln. Die Pakete kommen anschließend in die Glut des Grills. Nach etwa 20 Minuten in der Glut ist der Feta wunderbar in all das Gemüse gezogen.

Gemüsepack aus der Glut holen – Finger verbrennen – lecker essen!

Was meint die Jury?

⁑ Also nach 20 Minuten in der Glut ist doch alles verbrannt. Oder ist das so gewünscht?

⁑ So was Ähnliches gibt es bei uns auch zum Grillen. Schmeckt supergut.

⁑ Alufolie ist ein schlechter Wärmeleiter. Bis das Gemüse verbrannt wäre, ist es schon wieder aus der Glut.

⁑ Glas und Luft sind schlechte Wärmeleiter. Was lernt man heutzutage im Physikunterricht (oder heißt das inzwischen Püsik?)

⁑ Gemüse und Grillen schließen sich kategorisch aus. FLEISCH ist mein Gemüse!

⁑ Klingt lecker und nach wenig Aufwand! Wird morgen gleich mal ausprobiert.

Mett-Baguette

Köstlich beim Grillen, quasi als Vorspeise »auf die Hand«:

1 Baguettebrot in fingerdicke Scheiben schneiden. Die Scheiben auf einer Seite mit Mett beschmieren (gerne auch Jäger- oder Zwiebelmett) und dann ab auf den Grill! Erst auf der »Fleischseite«, dann auf der »Brotseite«, bis das Brot knusprig und das Mett gar ist. Für ein Baguettebrot braucht man etwa ein Pfund Mett.

Der Renner auf unseren Familien-Grillpartys! Mahlzeit.

Was meint die Jury?

: Ich kenne eine leicht abgewandelte Art: Brötchen halbieren und die Seiten mit Mett bestreichen. Diese dann entweder grillen oder in den Backofen (der hat auch einen Grill, und es wird genauso lecker).

: Mjam!!!!

: Hört sich gut an.

Putenfleisch vom Grill

Du brauchst
etwa 200 g Putenschnitzel oder Putenbrust
für die Marinade
3 EL Senf
1 EL Tomatenmark
3 Zwiebeln
Knoblauchzehen
Pfeffer, Peperoni, Cayennepfeffer oder Tabasco, Zucker
Balsamicoessig (weiß)
Olivenöl

Alle Zutaten für die Marinade, je nach Geschmack, fein pürieren. Die Putenbrust in Scheiben, Würfel oder Streifen schneiden, die Würfel oder Streifen auf Holzspieße stecken. Nun das Fleisch rundherum mit Marinade bestreichen und über Nacht, besser 30 Stunden, ziehen lassen.

Was sagt die Jury?

: 30 Stunden? Das ist nix für die spontane Grillparty am Abend.

: Kann man ja mal mittwochs auf Verdacht fürs Wochenende machen. Wenn das Wetter gut wird, gibt's da immer einen Anlass.

Zwiebeln grillen

Wenn ich zu einer Grillparty eingeladen bin, frage ich (vorzugsweise die Hausherrin) nach *Alufolie*, *Zwiebeln*, *Olivenöl* (oder ein anderes – ist wurscht!), *Salz* und *Pfeffer*.

Nachdem ich die verwunderte Frage »Wozu?« mit einem beruhigenden »Lass dich überraschen!« beantwortet habe, teile ich die Alufolie in so große Stücke, dass ich die Zwiebel gut darin verpacken kann. Dann lege ich mir die Folie in die hohle Hand, mache die Zwiebel rein, gieße einen Schuss Olivenöl drüber (oder ein anderes Öl – ist immer noch wurscht!). Jetzt nach Geschmack und Erfahrung salzen und pfeffern, gut verschließen und ab auf die Grillplatte! Dauert etwa 35 bis 45 Minuten, bis die Zwiebeln schön durch und süß (!) sind.

Die Variationsmöglichkeiten sind praktisch unbegrenzt …

Was meint die Jury?

: Volle Punktzahl für das Rezept. Abzug dafür, dass du bei einer Party den Speiseplan nicht den Gastgebern überlässt oder wenigstens die Rohstoffe selbst mitbringst.

: Muss die Zwiebel vorher geschält werden, oder wird sie mit Schalen gegrillt?

: Guter Tipp, aber warum bereitest du es nicht schon zu Hause vor? Das gefällt jeder Gastgeberin besser.

Hey Jungs,
Kathrin ist momentan in der Küche. Wir sind schon etwas am Feiern. Habt ihr für mich und meine Kumpels nicht ein abgefahrenes »Spiel«? Die zwei Tequila-Flaschen, die Sven mitgebracht hat, sind eine Gefahr für die Jugend und sollten schnellstmöglich unschädlich gemacht werden.

> Jaja, Ingo. Wenn die Damen mal nicht zuschauen ... Obwohl, du hast schon recht. Man kann auch Alkohol trinken, ohne Spaß zu haben. Aber mit Spaß ist es dann doch »fluffiger«. Wir haben hier mal ein »Spiel« herausgesucht. Aber bitte immer daran denken, dass man es mit dem Alkohol nicht übertreibt, gell! Deshalb übernehmen wir hier ausnahmsweise keine Gewähr und auch keine Pistole ...

 Flunkyball

Ihr benötigt:
2 Teams
1 Bierflasche pro Person
1 Plastikflasche mit Flüssigkeit
1 Fußball

Beide Teams stellen sich etwa dreißig Meter entfernt voneinander auf. Dann stellen die Teams ihre Bierflaschen in einer Reihe vor sich auf den Boden. In der Mitte zwischen den Mannschaften wird die Plastikflasche aufgestellt. Eine Mannschaft fängt an und hat einen Versuch, die Flasche mit dem Ball zu treffen. Wie sie das versucht, ist egal: werfen, kicken, rollen – alles ist erlaubt. Wenn das Team die Flasche nicht trifft, sind die anderen dran. Wenn das Team die Flasche getroffen hat, muss das gegnerische Team losrennen und die Flasche wieder aufstellen. In dieser Zeit muss die andere Mannschaft ihre Bierflaschen so schnell wie möglich austrinken. Wenn das andere Team die Flasche aufgestellt hat und wieder hinter ihrer Bier-Flaschenlinie ist, rufen sie »Stopp!«. Das gegnerische Team muss aufhören zu trinken und die Flaschen wieder hinstellen.

Nun ist die andere Mannschaft dran. Gewonnen hat das Team, das als Erstes seine Flaschen ausgetrunken hat: Als Beweis wird jede leere Flasche auf den Boden gelegt. Sollte eine Flasche mal versehentlich umkippen, wird sie durch eine neue Flasche ersetzt.

PS: Ursprünglich ist der Flunkyball eine zusammengedrückte Bierdose, mit der man eine mit Sand gefüllte Bierdose treffen soll, und statt Flaschen kann man natürlich auch Bierdosen nehmen.

Was meint die Jury?

: Das hört sich lustig an …, *g*, wird ausprobiert!

: Ja, ist sehr lustig. Allerdings sind dreißig Meter Abstand viel zu viel, da dauert dann ein Spiel nur eine Runde. Besser sind so sechs bis acht Meter. Ein neues Bier – Strafbier – gibt es auch, wenn die Flasche überschäumt oder am Ende noch viel Bier aus der Flasche herausläuft, wenn man sie umdreht.

: Unter www.mwpf.de (Mehrwertpfandflasche.de) könnt ihr euch gleich zum Turnier anmelden. Findet einmal im Jahr statt.

: Das klingt nach den Olympischen Ballermann-Spielen.

Das ist genau das Richtige für uns. Nur werden wir die Tequila-Flaschen besser nicht mitspielen lassen und doch besser zum Bier greifen.

Und falls euch vor lauter Kicken der Stoff ausgeht und die nächste Tanke schon zu hat, hier noch ein kleiner Tipp:

Hausgemachter Cognac   ★ ★ ★ ★ ★

Für besondere Anlässe: 0,5 Liter Rotwein in ein Dampfbügeleisen füllen und einschalten. Dampf an einer Fläche kondensieren und in ein Glas abtropfen lassen. Ergibt 0,4 Milliliter Cognac.

Was meint die Jury?

: Und zentnerweise rotgefärbte Bügelwäsche! Na ja, wer's mag.

: Gib mir den Rotwein und hau dir das Bügeleisen auf den Schädel ... Dann haben wir beide 'ne Dröhnung!

: Wer kommt denn bitte auf solche Ideen? Allein der Gedankengang ist fünf Punkte wert.

: Und der feine Duft, wenn ich anschließend damit die Hemden meiner Busfahrerkleidung bügle. Schafft sicher Vertrauen bei den Fahrgästen.

: Hey, was fülle ich ein, um Ouzo rauszubekommen? Weißwein?

: Die Herstellungskapazität kann man wesentlich durch Verwendung eines Industriedampfreinigers erhöhen. Die prozentuale Ausbeute bleibt allerdings gleich. Diese kann man jedoch durch einen geschlossenen Kühlkreislauf verbessern. Die braune Farbe erhält man, wenn man das Destillat durch eine zusammengerollte Torfmatte filtert (in einer Zoohandlung erhältlich). Der Cognac bekommt dann auch gleich seinen erdigen Geschmack. Kenner lassen den Cognac dann in einer PET-Flasche für zwei Tage reifen, der feine Geschmack wird durch den Weichmacher noch verbessert.

: Muss ich danach das Bügeleisen entkalken?

: Wenn der Wein sauer genug war, dann wird das Bügeleisen automatisch entkalkt.

: Wie viel Prozent hat eigentlich dieser Bügeleisencognac? Den werd ich mir nachher mal reinbügeln!

Mann, das war 'ne Feier gestern. Ich war voll wie ein Aquarium. Als ich ins Bett getorkelt bin, hat sich alles gedreht. Hab zwar den Fuß rausgehalten und gebremst, hat aber leider nichts gebracht. Das ganze leckere Essen und diverse Alkoholika ließ ich mir dann nochmal durch den Kopf gehen! Und jetzt bin ich komplett erledigt. Jetzt schluck ich erst mal eine Aspirin.

Lieber Ingo,
haben wir dich nicht väterlich zu bewusstem Umgang mit den Rauschmitteln aufgefordert? Also sage nicht, dass wir dich nicht gewarnt hätten! Jedenfalls pflegte unsere Französischlehrerin an dieser Stelle immer zu sagen: »Richtige Männer erkennt man an Folgendem: Die saufen die Nacht durch, aber am nächsten Tag merkt man ihnen nichts an.« Aber für die anderen haben wir hier ein paar gute Tipps. Also lass die Finger von den Kopfschmerztabletten, schließlich hast du in Sachen Intoxikation ja bereits gestern ganze Arbeit geleistet, oder? Hier kommen ein paar gesündere Wege der Katerbekämpfung.

Komplettlösung – Der Tag danach ...

Wenn es am Abend zuvor mal wieder fünf Bier zu viel waren, dann kommst du mit folgenden Tipps wieder halbwegs auf die Matte:

1. Viel Wasser trinken. Durch den Alkohol hat dein Körper viel Flüssigkeit verloren. (Klingt paradox, stimmt aber. Erklären wir dir später, wenn du wieder klar denken kannst!) Am besten noch vor dem Schlafengehen eine Flasche Mineralwasser trinken.

2. Am nächsten Morgen weiter Mineralwasser in dich reinschütten. Dazu viel Obst und Gemüse essen. Es fehlen dir nämlich Vitamine und Mineralien. Die hat der böse Alkohol alle mitgenommen.

3. Irgendetwas Deftiges in den Magen hilft auch. Hauptsache salzig.

4. Mal so richtig kalt duschen. Das bringt den Körper auf Touren. Danach fühlst du dich wie ein junges Reh. Oder wie heißt doch gleich das Tier mit dem Rüssel?

5. Wenn es die Zeit erlaubt, am besten noch mal hinlegen und ein paar Stunden an der Matraze horchen.

Ihr seid gut: Noch mal schlafen gehen! Kathrin möchte mit mir shoppen – sie braucht eine Hose und »ein oder zwei Tops«.

Okay, das klingt eindeutig nach einem »Notfall«. Hier kommt die harte, aber effektive Tour.

Kaffee mit Zitrone

Klingt grausig und ist es auch! Aber es gibt nichts, was schneller und sicherer wirkt! Nimm eine Tasse kalten Kaffee (nix mit Irish-Coffee oder so!) und hier presst du eine halbe bis ganze Zitrone hinein. Nimm auf keinen Fall Zucker oder Milch! Dieses Gesöff mit einem kleinen Löffel langsam »einführen«. (Harte Kerle hauen das natürlich einfach so runter.) Danach fühlst du dich wieder wie frisch geboren!

Was meint die Jury?

: Das stimmt! Ein Spritzer Zitrone im Kaffee hilft auch gegen normale (Spannungs-)Kopfschmerzen – zum Beispiel, wenn es heiß ist!

: Aus eigener Erfahrung: Ist zwar ekelhaft, wirkt aber.

: Das klappt aber auch mit schwarzem Tee, was bedeutend besser schmeckt.

Lieber Ingo,
bei all diesen Tipps sollte dir aber eins bewusst sein: Auch der stärkste Kaffee oder die salzigste Hühnerbrühe bauen den Alkohol im Blut nicht schneller ab. Es gilt die Faustregel: Pro Stunde 0,1 Promille. Du bist also auch nach unserer Komplettlösung immer noch alkoholisiert, fühlst dich aber besser dabei. Also Finger weg vom Autofahren – nur die Zeit senkt den Alkoholpegel!

Letztes Wochenende waren wir mal wieder zu Besuch bei meinen Eltern. Die haben es schon schön bei sich. Eine tolle Terrasse mit Markise und viel Platz. Und dann der Garten! Voll der Hammer: irre gepflegt, mit jeder Menge Obst und Gemüse. Es geht nichts über einen kurzen Gang durch den Garten, um dann mit vollen Händen zum Abendbrot zu kommen. Tomaten, Radieschen, frischer Schnittlauch ... einfach herrlich.

Wobei – wenn ich an den Herbst denke, bin ich ganz froh, dass wir jetzt nur einen Balkon haben. Tagelang in den Büschen sitzen und Trauben und Beeren »zupfen«, auf irgendwelche »Stückle« fahren und Äpfel, Birnen oder Quitten auflesen. Wahlweise auch Kirschen, Mirabellen und Zwetschgen pflücken. Ganz schön anstrengend.

Vieles hat natürlich echt Spaß gemacht, und ich denk ja gerne daran zurück. Aber wenn es dann ans Abbeeren, Abkochen, Keltern, Einkochen, Entsteinen und Abfüllen ging, war der Spaß auch wieder schnell vorbei. Ganz zu schweigen vom Bauchweh, das ich durch das viele Naschen bekommen habe. Meine Eltern machen das immer noch so, nicht mehr ganz so umfangreich, aber immerhin. Ich weiß gar nicht, wie die das hinbekommen. Als ich noch alleine wohnte, sind mir sämtliche Pflanzen eingegangen, ja sogar die Kakteen sind verdurstet. Okay, ich weiß, dagegen würde gießen helfen.

Aber dieses Jahr haben Kathrin und ich zum ersten Mal ein paar Tomatenpflanzen unten im Garten stehen. Inzwischen hängen auch schon ein paar putzige grüne Tomätchen dran. Wir schauen regelmäßig danach, und mir läuft jetzt schon das Wasser im Munde zusammen, wenn ich an den ersten Biss in eine frisch gepflückte Tomate denke. Das ist einfach kein Vergleich zu irgendwelchen noch so teuren Tomaten aus dem Supermarkt.

Das Problem ist nur, dass den Hunderten von Schnecken auch das Wasser im Mund zusammenläuft. Aber die warten im Vergleich zu mir nur nicht, bis die Tomaten reif sind. Was kann ich denn überhaupt gegen Schnecken tun? Da war irgendwas mit einem Becher voller Bier, den man eingraben muss. Finde ich ja ehrlich gesagt eine reine Verschwendung, das gute Bier!

Hey Ingo,
das finden wir klasse, dass du dich ein wenig dem Obst- und Gemüsebau widmest. Es ist ja tatsächlich so: Nichts schmeckt besser als das, was im eigenen Stall – sorry, Garten gewachsen ist. Oder auf dem eigenen Balkon. Klar helfen wir allen jungen

und alten Hobbygärtnern gerne mit guten Ratschlägen weiter. Das von dir angesprochene Bier hilft tatsächlich. Du nimmst dir beispielsweise ein altes Gurkenglas, füllst es zur Hälfte mit Bier und gräbst es im Garten so ein, dass der Rand des Glases direkt auf Bodenhöhe ist. Die Schnecken werden angelockt, fallen ins Bier und ertrinken. Ist nicht sonderlich nett, dafür aber so effektiv, dass die Schnecken aus den Nachbargärten ebenfalls in deinen Garten pilgern.

Es geht aber auch wesentlich freundlicher. Hier haben wir einen interessanten Tipp, der sich mit der Schneckenbekämpfung befasst:

 Kupferdraht gegen Schnecken

Also, falls du die Schnecken aus deinem Garten entfernt haben willst, dann spanne einfach einen Kupferdraht um den Gemüsegarten, ein paar Zentimeter über dem Boden, so dass die Schnecken nicht drunter durch können: Und schon hast du beim Ernten schönes Gemüse ohne abgenagte Blätter.

Denn die Nacktschnecken mögen kein Kupfer, weil es auf ihrem Körper sofort oxidiert – und das giftig für die Schnecken ist. Schadet aber in keinem Fall dem Gemüsegarten oder sonstigem Getier.

Was sagt die Jury?

: Hey cool!

: Das ist doch Tierquälerei.

: Quatsch! Tierquälerei ist, wenn man sie durchschneidet, mit Salz überstreut oder sonstige Schweinereien mit ihnen macht, wozu ich oft Lust hätte. Andererseits kommen die überall aus dem Boden gekrochen: Woher weiß ich, ob die nicht schon drin sind im abgezäunten Bereich?

: Mit »Salz bestreuen«, mögen die etwa Tequila?

: Das ist keine Tierquälerei, weil ja die Nacktschnecken erst gar nicht dort hinkriechen. Das sagt ihnen ihr Instinkt.

: Muss ich unbedingt ausprobieren.

: Was auch wirken soll, ist das Besprühen des Gemüses und/ oder der Schnecken mit Kaffee. Nacktschnecken vertragen kein Koffein (Nervengift).

: Espresso oder Filterkaffee?

: Eher Folterkaffee, hihi.

: Falsch! Kupferdrahtrollen besitzen eine Klarlackschicht. Diese schützt das Kupfer vor der Oxidation. Besser Kupferbleche nehmen und ein wenig mit Schmirgelpapier das Kupfer bearbeiten.

: Kupferdraht half nur eine Woche. Nun springen die Schnecken einfach mit Anlauf drüber und sind drin.

: Jaja, die Evolution kann manchmal sehr schnell vonstatten gehen …

: Die Schnecken kriechen sogar über Rasierklingen. Über den Draht lachen sie nur.

⁞ Schneckenzäune helfen auch, sind aber teuer und eignen sich von daher eigentlich nur für kleinere Beete (es sei denn, man hat genug Geld).

⁞ Sägespäne helfen (zeitweise) auch, aber nur solange sie trocken sind (müssen erneuert werden, sobald sie nass sind). Das Gleiche gilt für Kaffeesatz! Von Bekämpfung mit Schneckenkörnern jeglicher Art halte ich absolut gar nichts, denn das ist absolute Tierquälerei! (Dasselbe gilt für diese Bierfallen, durch die tatsächlich erst recht Schnecken angezogen werden.)

⁞ Man sollte Pflanzen möglichst nur morgens gießen, damit die Erde tagsüber trocknen kann (Schnecken sind meist nachtaktiv). Trockene Erde zieht keine Schnecken aus ihren Löchern (in Regenzeiten nützt dieser Ratschlag aber natürlich auch nichts).

⁞ Die Pflanzen-Auswahl spielt eine wesentliche Rolle: Es gibt reichlich Pflanzen, die bevorzugt von Schnecken gefressen werden, und eben solche, die sie eher meiden (oder nur selten fressen). Aber in der »Not« fressen sie eh so ziemlich alles.

⁞ Kein Erfolg! Habe gerade eine Schnecke beobachtet, die über meinen mühsam errichteten Kupferdraht geklettert ist.

Heute werde ich mal meine Pflanzen umtopfen. So langsam werden nämlich die Töpfe zu klein. Ich bin ja schon ein bisschen stolz auf mich und meinen grünen Daumen. Seit wir in die Wohnung mit Balkon gezogen sind, wachsen meine Pflanzen richtig schnell. Und seither macht es auch total Spaß, danach zu schauen und sie zu pflegen. Und in die alten kleinen Töpfe pflanze ich wieder neue Blumen und Kräuter rein. Wenn ich so weitermache, dann haben wir bald ein Gewächshaus hier im Wohnzimmer. Das Problem bei der ganzen grünen Pracht ist

*aber immer das Gießen. Ingo macht das sowieso nie und wenn
doch, dann spielt er Sintflut mit meinen armen Pflanzen. Aber
ich gebe zu: Selbst ich verliere bei so viel Grünzeug irgendwann
den Überblick. Und einen Rasensprinkler möcht ich auch nicht
unbedingt neben dem Sofa stehen haben.*

Liebe Kathrin,
um Blumen geschickt zu gießen, nimmst du dir einfach eine Glas-
oder Plastikflasche, füllst sie mit Wasser und steckst die Flasche
mit der Öffnung nach unten in die Blumenerde. Die Pflanze holt
sich so viel Wasser, wie sie braucht. Wenn die Flasche leer ist,
einfach wieder nachfüllen. Spart Zeit und Geld (für neue Pflanzen). Wenn man die Flaschen noch etwas verschönert, dann
sehen sie auch noch gut aus.

*Das erleichtert mir die Arbeit, vielen Dank, Jungs! Was ich al-
lerdings überhaupt nicht leiden kann, ist, wenn unsere rauchen-
den Gäste meine Pflanzenkübel als Aschenbecher benutzen.
Das kann den Pflanzen doch nicht gut tun.*

Liebe Kathrin,
wir können verstehen, dass dich das ärgert. Aber lies mal folgende Tipps, vielleicht denkst du dann etwas anders darüber!

**Zigarettenasche hilft gegen
jegliches Ungeziefer**   ★ ★ ★ ★ ☆

Besser, als sie in den Müll zu werfen, solltest du deine
Zigarettenasche in die Blumentöpfe deiner Zimmerpflanzen oder
auch in die Balkonkästen streuen. Das ersetzt viele »Ungeziefer-
verhütungsmittel«.

Was meint die Jury?

: Stimmt. Aber bitte die Filter vorher entsorgen. Die verrotten wohl nicht oder nur sehr langsam.

: Klappt wirklich, und ist preiswert. Wenn man Nichtraucher ist, dann hat man halt Pech und muss mal seine Nachbarn fragen.

: Hmmmh, das muss ich meiner besseren Hälfte zeigen. Ich werde immer ausgeschimpft, wenn ich die Asche in die Blumentöpfe schnippe.

: Ich kippe nicht nur die Zigarettenasche an meine Pflanzen, sondern auch Altöl und alte Bremsflüssigkeit. Und: Es hilft! Ich habe wirklich kein Ungeziefer, nach einiger Zeit brauche ich sogar die Pflanzen nicht mehr zu gießen.

: Das klappt wirklich mit dem Nikotin! Besser funktioniert's allerdings, wenn man den Zigarettenstummel 'ne Stunde im Gießwasser lässt, ihn dann entfernt und mit dem Wasser befallene Pflanzen gießt!

: Hab es auch mit der Asche probiert, aber nach zwei Wochen waren die kleinen Viecher wieder da. Hab vielleicht zu wenig geraucht.

: Oder die Biester haben sich dran gewöhnt und wollten mehr!

Oh, das wusste ich nicht. Dann werd ich wohl nächstes Mal meine Klappe halten, wenn Ingos Kumpels wieder gemütlich in die Blumenkübel aschen. Da spare ich mir schon das Insektenspray für die Pflanzen.

Nicht nur das, Kathrin. Pflanzen sind auch gut für die Gesundheit: Wer Zimmerpflanzen in seiner Wohnung hat, tut aktiv etwas für das Raumklima. Es wird Sauerstoff produziert, durch die Abscheidung von Wasser wird die Luftfeuchtigkeit erhöht, die Feuchtigkeit bindet den Staub, und manche Pflanzen machen sogar Giftstoffe wie Benzol oder Formaldehyd teilweise unschädlich. Natürlich müsste man sich einen Dschungel zulegen, wenn man alles filtern möchte, aber wir denken, dass du auf dem richtigen Weg bist.

Hey Jungs,
ich hab heute ein paar Blumen dabei – für meine Süße. Sie sagt zwar immer, dass sie keine Blumen geschenkt bekommen will, aber jedes Mal, wenn ich doch mal dran denke (so alle zwei Schaltjahre), freut sie sich doch wahnsinnig. Woher ich das weiß? Bei meiner Mutter ist es doch genauso.

Lieber Ingo,
du bist halt ein kleiner Charmeur. Oder hat dich unsere Knigge-Einführung so beeindruckt? Du hast die Blumen aber hoffentlich nicht im Nachbargarten stibitzt? Ich glaube, wir wollen die Antwort darauf gar nicht wissen. Was für dich aber nicht ganz unwichtig ist: Wie bleiben die Blumen schön frisch, damit deine Herzallerliebste den Anblick deiner Blumen auch in ein paar Tagen noch genießen kann? Das kann wichtig sein, wenn du mal was richtig Fieses ausgefressen hast – dann gilt: Je länger die Blumen blühen, desto höher steigst du in der Gunst deiner Holden!

Die nette Dame vom »Blume 2000«-Laden hat mir so ein seltsames Beutelchen mitgegeben. Sie meinte, dass ich den Inhalt ins Blumenwasser streuen soll. Hilft das denn wirklich?

Ja, das ist genau das Richtige für die Blumen. Das Zeug in dem Beutelchen enthält zuckerartige Substanzen, ein paar antibakterielle Stoffe und Fungizide. So wird verhindert, dass sich Keime und Pilze zu schnell an den angeschnittenen Blumen festsetzen und die »Wasserleitungen« verkleben. Die zuckerhaltigen Stoffe sorgen dafür, dass die Zellen der Pflanze länger erhalten bleiben. Es gibt zwar ein paar Hausmittelchen (Hefe oder Zucker ins Blumenwasser), aber die helfen nicht immer. Das Zeug vom Blumenhändler gibt's ja meistens kostenlos dazu (wenn nicht, einfach mal nett nachfragen) und funktioniert ziemlich gut.

Was du außerdem machen kannst: Schneide die Blumenstiele alle paar Tage schräg an. Dadurch werden die »Wasserleitungen« im Blumenstiel wieder freigelegt und können besser Wasser ziehen. Wenn ein Blumenstiel sehr hart ist, dann hilft es auch, das Ende des Stiels etwas zu quetschen (etwa mit einem Hammer). Auch dann kann die Blume gut Wasser ziehen.

Und wenn du dann auch noch als perfekter Hausmann auftrumpfen willst, solltest du dir folgenden Tipp reinziehen. Denn wenn die Blumen irgendwann das Zeitliche segnen, bleibt oft ein ganz ekliger und zäher Schleim in der Vase zurück:

Vasen mit Eierschalen reinigen

Blumenvasen, die innen Schleim vom Blumenwasser angesetzt haben, kann man hervorragend mit Eierschalen und lauwarmem Wasser reinigen. Einfach zerbröselte Eierschalen in die Vase geben, Wasser dazu, kräftig durchschütteln, etwas stehen lassen und sauber ist die Vase. Ist vor allem dann gut, wenn der Hals der Vase zu eng für Putzhände ist.

Was meint die Jury?

⠇ Funktioniert gut. Wenn der Dreck aber schon festgetrocknet ist, wird's schwierig.

⠇ Ja, funktioniert. Und da Eierschalen viel weicher sind als etwa Glas, braucht man auch keine Angst vor Kratzern in der Vase zu haben.

⠇ *kopfkratz* Aber Eierschalen sind doch aus Kalk, setzt der dann nicht durch das Wasser besonders gut an? Mal bitte genauer erläutern!

⠇ Ich glaube, hierbei geht's weniger um die Zusammensetzung der Schalen, sondern darum, dass es kleine Stücke mit scharfen Kanten sind, die auf die Wände der Vase wie ein Peeling wirken. Sand klappt bestimmt auch gut, aber Eierschalen hat man meistens eher zur Hand.

⠇ Mit Corega-Tabs geht das am besten. Da löst sich dann auch angetrockneter Schmutz.

Hochzeit & Feiern

Psst, Jungs ... ich hab da mal eine etwas intime Frage an euch ...

Ja, Ingo, wir sind für alle Arten von Fragen zu haben. Schieß los!

Also, Kathrin und ich, wir wohnen jetzt seit knapp einem Jahr zusammen. Und was soll ich sagen: Es ist einfach dufte mit ihr! Also gut, am Anfang musste ich meine Vorstellungen von »Hausarbeiten« etwas an die weiblichen Bedürfnisse anpassen. Aber echt: Welcher Mann putzt schon freiwillig öfter als zwei Mal im Jahr die Toilette?? Nach diesen »konstruktiven« Auseinandersetzungen lief es dann aber wie geschmiert. Ich bin absolut superglücklich mit meiner Süßen. Inzwischen kann ich mir sogar vorstellen, mit ihr Kinder zu haben. Mann, wer hätte gedacht, dass ich noch mal so tief sinke? Hähä, kleiner Scherz ...

Jedenfalls kam mir da neulich so der Gedanke, dass wir doch eigentlich – also, mir ist das ja ein bisschen peinlich – ihr wisst schon: der Bund fürs Leben, Hafen der Ehe und so weiter – kurz: ich habe überlegt, ob ich nicht um ihre Hand anhalten soll. Aber, verflixt, wie macht man das eigentlich? Wie ist da der korrekte Ablauf? Hilfe, ich bin ja so ahnungslos!

> Lieber Ingo,
> Glückwunsch, das sind ja tolle Nachrichten. Aber unter uns: »Um die Hand anhalten«, das sind reichlich olle Kamellen. Selbst im Schwabenland läuft das nicht mehr so ab, dass du zum Schwiegervater-in-spe dackelst, dort bei Blümchenkaffee und Nachmittagsgebäck diskret dein Sparbuch über den Tisch schiebst und um die Hand seiner Tochter anhältst. Inzwischen will deine

Zukünftige durchaus auch ein Wort mitreden bei dieser Entscheidung. Unglaublich, aber wahr!

Spaß beiseite, natürlich haben wir ein paar hilfreiche und abgefahrene Tipps zum Thema »Heiratsantrag«. Aber vielleicht zunächst ein kleiner Test, der deine Entschlusskraft noch mal auf die Probe stellt.

Will ich wirklich heiraten?
Gewissens-Test für den Mann

1. Samstags abends um kurz nach sechs ...

... mache ich mir ein Bier auf und setze mich vor die Sportschau.   (0 Punkte)

... komme ich so langsam vom Einkaufsbummel mit meiner Liebsten zurück.   (5 Punkte)

... bin ich gerade mit dem Putzen der Küche durch, jetzt kommen noch Bad, Schlafzimmer, Flur und Wohnzimmer.   (10 Punkte)

2. Kinder und Familie ...

... sind eine unglaubliche Bereicherung unseres gemeinsamen Lebens.   (10 Punkte)

... können ganz nett sein, sind aber gelegentlich auch ziemlich anstrengend.   (5 Punkte)

... sind wie Pest und Cholera!   (0 Punkte)

3. Ich treffe an einer Bar eine unglaublich gut aussehende Blondine, die mich zu einem Drink einladen will. Ich …

… lasse meinen Ehering unauffällig in der Hosentasche verschwinden und nehme dankend an.   (0 Punkte)
… atme tief durch, bete ein Ave-Maria – und lehne dann dankend ab.   (5 Punkte)
… rufe meine Frau an, um ihr sofort von dieser netten Begegnung zu erzählen, und frage, ob sie nicht zu uns stoßen will.   (10 Punkte)

4. Dieses große schwedische Einrichtungshaus am Stadtrand ist …

… ein wundervoller Ort zum Shoppen, Essen und Entspannen.   (10 Punkte)
… ein Ort, den man am besten nur werktags und mit klarer Zielsetzung betritt.   (5 Punkte)
… eine Mischung aus Guantánamo und Fegefeuer.   (0 Punkte)

5. Eine Hochzeit in Weiß mit Kutsche und allem Drum und Dran …

… ist das Schönste und Romantischste, was ich mir denken kann!   (10 Punkte)
… ist eine ziemlich kostspielige Angelegenheit.   (5 Punkte)
… löst bei mir etwa solche Gefühle aus wie die Steuererklärung von vor zwei Jahren.   (0 Punkte)

Lösung:
0 bis 10 Punkte: Du solltest den Entschluss zu heiraten noch mal gründlich überdenken. Am besten mit deinen Kumpels in der

Kneipe. Oder der netten Blondine an der Bar. Jedenfalls sieht es mit der Eignung für den Lebensbund eher mau aus.

15 bis 45 Punkte: Gratuliere! Du zeigst die richtige Mischung aus Realitätssinn und Optimismus, um in den Hafen der Ehe einzufahren – und dort nicht gleich mit der Hafenmauer zu kollidieren.

50 und mehr Punkte: Langsam, langsam. Dein Hormonspiegel ist noch so hoch, dass wir dir von allen Kurzschlusshandlungen dringend abraten. Warte vielleicht noch eine Weile, bevor du deinen Entschluss zu heiraten in die Tat umsetzt.

Gewissens-Test für die Frau

1. Ich komme nach einem anstrengenden Arbeitstag nach Hause und ...

... schnappe mir erst mal das Telefon, um mit meiner besten Freundin alle Ereignisse des Tages bis zum letzten I-Punkt durchzuquatschen.   (0 Punkte)
... höre mir geduldig alle Karrieresorgen meines Mannes an, während ich ihm das Abendessen zubereite.   (10 Punkte)
... beschließe gemeinsam mit meinem Mann, ein vollwertiges und balaststoffhaltiges Fertiggericht in die Mikrowelle zu schieben.   (5 Punkte)

2. Die Daily Soap ist ...

... eine unglaublich entspannende Sache, die ich auf keinen Fall verpassen darf.   (0 Punkte)
... absolut niveaulos und nicht zu vergleichen mit dem neuesten Buch von Martin Walser, das mir mein Mann empfohlen hat.   (10 Punkte)
... manchmal ganz witzig   (5 Punkte)

3. Durch einen unglaublichen Zufall lande ich mit Robbie Williams allein im gleichen Aufzug. Als der Aufzug denn auch noch stecken bleibt, sage ich:

»Ich glaube, ich werde gleich ohnmächtig …« (0 Punkte)
»Sind Sie nicht der berühmte Fußballer von Manchester United?«   (10 Punkte)
»Mist, jetzt komme ich zu spät zum Treffen der Radikalen Feministinnen!« (5 Punkte)

4. Dein Mann hat zum wiederholten Mal euren Hochtzeitstag vergessen. Du …

… hast die Schnauze voll und konsultierst den Scheidungsanwalt.   (0 Punkte)
… hast vor lauter Abwaschen, Kinderwickeln und Hemdenbügeln selbst nicht daran gedacht.   (10 Punkte)
… lässt dich nur mit einem Brillantring wieder versöhnen.   (5 Punkte)

5. Einen Heiratsantrag beim Candle-Light-Dinner …

… wünschst du dir, seit du nicht mehr auf Pferden reiten willst!   (10 Punkte)
… musst du erst mit den Terminen in deinem Notebook abgleichen.   (0 Punkte)
… wirst du nur annehmen, wenn er absolut der Richtige ist.   (5 Punkte)

Lösung
0 bis 10 Punkte: Wie soll jemals ein Mann zu dir durchdringen, wenn du dauernd nur telefonierst? Das ist dir herzlich wurscht, denn du bist glücklich damit, einen guten Job zu haben und möchtest nicht unnötig durch Männer, Familie oder andere

Wechselfälle des Lebens von deinem Weg abgebracht werden.

15 bis 45 Punkte: Wer Robbie Williams so abserviert, muss schon ziemlich cool sein. Jedenfalls bist du selbstbewusst und gewitzt, legst aber durchaus Wert auf eine gute und ausgeglichene Partnerschaft. Das sind beste Voraussetzungen, um im Nahkampf der Liebe (vulgo: Ehe) glücklich zu werden.

50 und mehr Punkte: Hm, vielleicht solltest du wirklich ein paar Besuche beim Club der Radikalen Feministinnen absolvieren, bevor du in den Hafen der Ehe einläufst. In dieser Form bist du zwar der perfekte Mutterersatz für deinen Mann. Aber willst du das wirklich sein?

 Origineller Heiratsantrag im Kino

Wer seinen Heiratsantrag gerne ausgefallen hat, dem empfehle ich folgenden Link:
<u>www.der-besondere-heiratsantrag.de</u>

Hier kannst du deinen Heiratsantrag in den Vorspann eines bestimmten Kinos integrieren. Das läuft dann so ab: Du lockst deine Liebste unter einem Vorwand in das entsprechende Kino, und dann erscheint zwischen der Werbung plötzlich das Dia mit deinem Heiratsantrag. Das funktioniert bestimmt prima!

Was sagt die Jury?

: Abgedreht! Was kostet der Spaß?

: Find ich nicht so toll, so zwischen Marlboro-Werbung und Gruselfilm-Trailer. Na ja …

- Geht auch als Film, nicht nur als Dia. Kostet dann etwas mehr.

- Ich hab's gemacht, und es war der absolute Brüller. Das Kino hat getobt. Wir mussten aufstehen und uns küssen. Irre! Mein Tipp: Eine gut besuchte Abendvorstellung nehmen, wo das Kino schon bei der Werbung bis auf den letzten Platz besetzt ist. Das schockt's voll!

- Wie niveaulos. Ich hätte abgelehnt.

- Das möchte ich sehen, vor einem solchen Publikum! Da sagt keine Nein.

Antrag bei romantischer Ballonfahrt

Ein wirklich ungewöhnlicher und romantischer Ort für den Heiratsantrag ist die Gondel eines Heißluftballons. Den kann man samt »Chauffeur« mieten (Adressen gibt's im Netz). Dann die oder den Liebsten zu einer Überraschung einladen. Und bei einer Flasche Schampus die Frage stellen. Der Spaß kostet natürlich ein bisschen Geld, ist es aber absolut wert.

Was meint die Jury?

- Und wenn sie nein sagt, kann man gleich springen, oder was?

- Das kann natürlich peinlich werden, wenn er oder sie ablehnt, man stelle sich das vor: noch mindestens eine Stunde in der Luft und die Stimmung auf dem Nullpunkt. Hoffentlich kennt der Schaffner ein paar gute Witze …

- Schöne Idee!

Lieber Ingo,
man kann das Ganze natürlich auch klassisch beim Candle-light-Dinner machen. Oder den Antrag auf ein altes Bettlaken schreiben und so aufhängen, dass sie es aus ihrem Bürofenster sieht. Denn die Antwort auf deine Frage lautet: Das ist letztlich Geschmacksache. In unserer heutigen Zeit der postmodernen Beliebigkeit gibt es da Gott sei Dank keine festen Regeln mehr. Du kannst also nichts wirklich falsch machen. Das gilt übrigens auch für dich, Kathrin. Niemand sagt, dass es immer der Mann sein muss, der die Sache mit dem Heiraten aufs Tapet bringt.

Es hat geklappt!!! Yippie! Wir werden heiraten, wow, mir ist ganz schwindelig! Eigentlich wollte ich ja das mit dem Bett-laken machen, aber beim Aufhängen hat sich das Laken dann in der Stehleiter verheddert, so dass ich fast von der Leiter gefallen bin. Dann hat es aber noch geklappt. Inzwischen standen schon die ganzen Kollegen von Kathrin am Bürofenster und haben gegröhlt und applaudiert. Irgendwann kam sie dann runter und hatte eine knallrote Birne. Sie hat mich nur ganz fest umarmt und geküsst – und dann hat sie sich für den Rest des Tages frei genommen.

Liebe Kathrin, lieber Ingo,
na, da sind wir ja froh, dass das so gut geklappt hat. Und weil wir ja fürs Praktische zuständig sind, kommt hier gleich die pas-sende Komplettlösung.

Heiraten für Anfänger

Etwa acht Monate davor …	Legt Ort und Zeit der Hochzeit fest.
	Entscheidet euch, ob kirchlich und standesamtlich oder nur Letzteres.
	Fotograf buchen.
	Macht eine vorläufige Gästeliste.
	Wählt die Trauzeugen aus.
	Besorgt euch die Dokumente für Standesamt und Kirche.
	Macht einen Kostenplan und legt ein Hochzeitsbudget fest.
	Sucht euch die Locations für euer Fest aus (Kirche, Hotel, Kneipe …).
Etwa sechs Monate davor …	Jetzt den Termin für die Hochzeit auf dem Standesamt reservieren (geht erst ein halbes Jahr davor).
	Schon mal ein Probeessen und -trinken in der ausgewählten Gaststätte machen.
	Das Brautkleid suchen.
	Familie einspannen: Wer macht was?
	Musiker aussuchen und buchen.
	Einen Friseur eures Vertrauens suchen. Übernimmt oft auch das Schminken am Hochzeitstag.
	Hochzeitsfahrzeug vorbestellen.

Etwa drei Monate davor …	Endgültige Gästeliste zimmern.
	Einladungen verschicken.
	Programm der Feier festlegen.
	Hochtzeitsanzug für den Bräutigam suchen.
	Tanzkurs machen (für den Walzer, sonst wird's peinlich …).
	Trauringe aussuchen und gravieren lassen.
	Wenn's einen Ehevertrag geben soll: Zum Notar gehen.
Etwa vier Wochen davor …	Festmenü besprechen und festlegen.
	Helfer informieren und anweisen.
	Antworten auf die Einladung auswerten und dann Sitzordnung festlegen.
	Blumenschmuck aussuchen und bestellen.
	Alle Termine um die Trauung und die Party festlegen (Fotograf, Band, DJ, Hochzeitstorte …).
	Alle Klamotten schon mal live testen.
	Tischkarten basteln oder drucken lassen.

Nur noch zwei Wochen …	Schuhe einlaufen. Sonst gibt's böse Blasen. (Frauen lieber etwas früher.)
	Die Gäste anrufen, die noch nicht auf die Einladung reagiert haben.
Nur noch eine Woche …	An einem Ort in der Wohnung alles bereitlegen, was mit Hochzeit zu tun hat: Klamotten, Ringe, Dokumente.
	Letzte Absprache mit dem Restaurant.
	Letzte Anprobe: Passt alles noch?
Nur noch einen Tag …	Wenn die Hochzeitsreise danach folgt: Jetzt dafür Koffer packen.
	Entspannungsbad nehmen oder in die Sauna gehen.
Nur noch wenige Stunden …	In jedem Fall frühstücken! Auch wenn man keinen Hunger hat!
	Mit der besten Freundin zum Friseur gehen.
	Brautstrauß abholen.
	Für den Bräutigam: Einige Papiertaschentücher einstecken. Denn auch die härtesten Männer werden vorm Traualter von der Rührung überwältigt!

Ehevertrag – braucht man das?

Nicht sehr romantisch, aber später vielleicht sinnvoll. Ein Ehevertrag ist wie eine Versicherung: Man hofft, dass die dortigen Vereinbarungen nicht eintreffen werden. Denn letztlich regelt man hier den Fall der Trennung vom Ehepartner. Das ist keine schöne Aussicht, aber da sich in Deutschland etwa ein Drittel aller Paare wieder scheiden lässt, sollte man diesen Fall durchaus auch in seine Überlegungen mit einbeziehen.

Schließt man keinen Vertrag, so befindet man sich mit dem oder der Liebsten nach der Hochzeit in einer **Zugewinngemeinschaft**. Das heißt, dass die Vermögen der Partner auch in der Ehe getrennt bleiben. Nur was hinzugewonnen wird, gehört beiden. Im Übrigen haftet keiner der beiden für Schulden, die der andere allein aufnimmt. Nur gemeinsame Verbindlichkeiten sind auch gemeinsame Sache.

Kommt es jetzt zur Scheidung, wird sozusagen der Gewinn der Ehe ermittelt und durch zwei geteilt. Was gelegentlich gar nicht so einfach ist, vor allem wenn der »Gewinn« eines Ehepartners in einem Unternehmen steckt und dieses aufgelöst werden müsste, um den anderen auszuzahlen.

Neben der Zugewinngemeinschaft gibt es zwei weitere Güterstands-Modelle: die Gütertrennung und die Gütergemeinschaft. Beide müssen gesondert in einem Ehevertrag vereinbart werden. Die **Gütertrennung** legt fest, dass die beiden Vermögen auch nach der Ehe getrennt bleiben. Die **Gütergemeinschaft** führt hingegen dazu, dass auch die vorehelichen Vermögen nach der Hochzeit in das gemeinsame Ehevermögen übergehen.

Ersteres empfiehlt sich besonders bei reichen Menschen, Letzteres ist inzwischen sehr ungebräuchlich und kommt hauptsächlich noch im ländlichen Raum vor.

Über diese Güterstände kann im Ehevertrag natürlich alles Mögliche für den Fall der Scheidung geregelt werden. Hierzu lässt man sich am besten von einem Anwalt für Familienrecht beraten, der dann nach den gemeinsamen Wünschen einen Ehevertrag aufsetzt. Auch die notarielle Beglaubigung regelt der Anwalt für euch.

Grundsätzlich ist es zwar unangenehm, sich im schönsten Hochzeitsrausch mit der Frage der Trennung zu beschäftigen. Aber trotzdem kann ein Ehevertrag sinnvoll sein, weil es im Fall der Fälle Streit und gegenseitige Verletzungen minimiert.

Wirklich toller Tipp mit dem Bettlaken! Ich war das Gespött der ganzen Belegschaft! Trotzdem war es schon eine nette Überraschung, was der Ingo da gemacht hat. Wir sind schon schwer am Planen. Sagt mal, habt ihr für uns ein paar Tipps zum Polterabend? Meine Kollegen wollen jetzt alle noch eingeladen werden, und da dachten wir, das wäre eine ganz gute Möglichkeit ...

Liebe Kathrin,
ja, der Polterabend ist eine gute Gelegenheit, die ganze Kollegenschar einzuladen, ohne sie auf der Hochzeit zu haben. Ganz traditionell findet der Polterabend vor dem Haus der Brauteltern statt. Dort gibt's dann auch etwas Einfaches zu essen und zu trinken. Der Witz an dem Polterabend ist natürlich das Zerschlagen von Porzellan, das die Gäste selbst mitbringen (allerdings keine Gläser oder – noch schlimmer – Spiegel).

Der Polterabend ist ein alter Brauch, der vielleicht mal dazu gedient hat, dass die enttäuschten Mitbewerber um die Braut an diesem Abend noch mal unschädlich Dampf ablassen konnten.

Deshalb geht es in der Regel dort auch etwas deftiger zu. Entsprechend sind auch die Scherze, die gelegentlich mit dem zukünftigen Ehepaar getrieben werden.

Anonymes Dosenfutter schenken

Beim Poltern ist es ja üblich, dem zukünftigen Paar etwas zu schenken. Mein Tipp: Ein großer Karton voller Konservendosen mit Ravioli, Sauerkraut, Fertiggerichten, Obst, Mais, Bohnen, Hundefutter und so weiter. Eben alles, was in runden Dosen zu finden ist.

Der Witz dabei: Ihr müsst alle Etiketten entfernen. So wird das Kochen für die beiden zum Roulettespiel. Bei der Tiernahrung sollte man allerdings der Fairness halber »Animalfood« oder was Ähnlich draufschreiben. Ansonsten aber kein Hinweis auf den Inhalt!

Was sagt die Jury?

: Warum macht man die Dose Hundefutter denn dazu, wenn man's dann draufschreibt? Dann ist der Gag doch weg!

: Das ist ganz schön gemein mit dem Hundefutter und gar nicht lustig.

: Immer noch besser als Ölfarbe. Die gibt's auch in runden Dosen …

Tieflader mit einer Tasse

Was gut kommt: Wenn ihr zu etwas späterer Stunde (wenn die Brautleute schon nicht mehr wirklich Lust zum Fegen haben *g*) einen Tieflader schööön langsam vorfahren lasst. Dann kriegen die einen halben Herzkasper. Und dann lasst ihr richtig langsam eine einzige kleine Tasse runterkullern ... sehr witzig!

Was sagt die Jury?

: Auch gut: Stiele der Besen ansägen, mit denen das Brautpaar die Scherben nachher wegkehren muss, haha.

: Alles ziemlich primitiv, aber gut!

: Wem's zu primitiv ist, der soll halt nicht auf den Polterabend!

Junggesellenabschied und Hen Party

Der Junggesellenabschied war angeblich schon bei den alten Griechen beliebt. Inzwischen haben sich die Frauen emanzipiert, und die »Hen Party« aus England hat sich bei uns breit gemacht. Ziel beider Veranstaltungen ist kurz gefasst das Gleiche: Noch mal ordentlich die Sau rauslassen, bevor es ernst wird!
Dabei geht es durchaus derb zu. Hier einige Gestaltungsbeispiele:

– Er wird mit Handschellen auf der Damentoilette festgekettet und muss eine fremde Frau davon überzeugen, ihn bei seinen Kumpels »freizukaufen«.
– Sie trägt ein Schild um den Hals, auf dem sie Küsse an fremde Männer für einen bestimmten Geldbetrag anbietet.
– Ihm oder ihr einen großen Holzklotz ans Bein binden (was das wohl bedeuten soll?)
– Sie oder er muss aus einem Bauchladen Kondome, Gleitcreme und ähnliches Zubehör aus dem Sex-Shop verkaufen.

Nach einer unbestätigten Legende ist es ein Muss für Junggesellen, an diesem Abend eine Zigarre zu rauchen. Angeblich folgt dies dem Beispiel der Gebrüder Guggenheim, die sich ohne Hast in den Salon der Titanic begaben, als sie erfahren hatten, dass diese sinken würde, um dort gepflegt eine letzte Zigarre zu rauchen …

Schräges Outfit für den Junggesellenabend

Darüber braucht man sich eigentlich gar keine Gedanken zu machen. Überlasst das doch einfach dem weiblichen Geschlecht. Vorgehensweise: Man besuche eine nicht zu große Disco und informiere den DJ über die Anwesenheit des Junggesellen. Dieser soll dann zum geeigneten Zeitpunkt den besonderen Gast über Lautsprecher begrüßen, nach vorne auf die Bühne holen und die anwesenden Frauen auffordern, beim Styling des Zukünftigen etwas nachzuhelfen. So bekommt der Junggeselle ganz kostenlos eine perfekte Behandlung mit Make-up, Lippenstift, Lidschatten und Wimperntusche. Für den Rest des Abends wird euer Kumpel garantiert der Blickfang jeder modebewussten Partygesellschaft werden.

Was sagt die Jury?

: Und was macht man mit der Freundin beim Hen-Abend?

: Dann sollen halt die in der Disco anwesenden Männer die Henne schminken. Müsst ihr nur das Schminkzeug selbst mitbringen.

: Coole Idee!

Die Ringe

Seit Tausenden von Jahren tauschen die Menschen bei der Hochzeit Ringe aus. Ursprünglich waren diese aus Eisen, im zweiten Jahrhundert nach Christus wurden dann auch Ringe aus Gold für den Lebensbund benutzt. Ganz klar, der Ring symbolisiert wie kein anderes Schmuckstück die (hoffentlich) unendliche Dauer der Liebe.

Inzwischen benutzt man definitiv keine Eisenringe mehr (zumindest nicht mehr in diesem Zusammenhang), aber dafür haben andere Edelmetalle den Weg auf unsere Finger gefunden. Hier eine kleine Stoffkunde:

Gold

Der Klassiker! Ringe aus Gold haben eine gelbrote Farbe und sind gut polierbar. Gold an sich verfügt zudem über außergewöhnliche Dehnungseigenschaften, doch das sollte hier eigentlich keine Rolle spielen – es sei denn, ihr nehmt nach der Hochzeit wahnsinnig zu. Allerdings ist Gold ziemlich weich und wird deshalb oft mit anderen Stoffen vermischt und in einer Legierung verkauft. Der Anteil reinen Goldes wird durch eine Zahlenkombination auf der Innenseite des Rings dokumentiert: Wenn dort etwa 585/000 steht, so heißt das, dass von 1000 Gramm des Gesamtgewichts 585 Gramm aus Gold sind. Dies gilt in gleicher Weise für Weißgold, Platin, Palladium und so weiter. Gold hat vor allem gegenüber Platin den Nachteil, dass es über die Jahre an Substanz verliert. (Wenn ihr eine alte Bauersfrau kennt, lasst euch mal deren Ehering zeigen – oft ist er nur noch ein ganz schmaler Reif.)

Weißgold

Weißgold gibt es in dieser Form in der Natur nicht. Hier wird durch die Beimischung von anderen Metallen versucht, dem

dem Gold eine hellere Färbung zu verleihen. Dabei werden etwa Silber, Palladium, Mangan und Nickel in verschiedenen Mischungsverhältnissen beigemischt. Hier solltet ihr darauf achten, dass das Weißgold ohne Beimischung von Nickel oder Mangan produziert wurde, denn diese Metalle können mit der Dauer zu allergischen Reaktionen führen. Am besten, aber auch am teuersten ist eine Beimischung aus Palladium, das zur Platin-Gruppe gehört. Die beiden für Trauringe geeigneten Legierungen weisen einen Feingehalt von 585/000 oder 750/000 auf.

Platin
Platin ist das teuerste und faszinierendste Edelmetall, aus dem ihr euch Eheringe machen lassen könnt. Für eine Unze Platin, das sind 31,1 Gramm, müssen etwa zehn Tonnen Erz abgebaut werden! Nach dem Abbau wird das Platin mühsam in 150 komplizierten Verarbeitungsschritten gewonnen. Das dauert nochmals fünf Monate. Platin ist zudem wesentlich seltener als Gold (etwa dreißigmal) und wird nur an wenigen Orten auf der Welt geschürft. Die Jahresmenge von Platin beträgt etwa 88 Tonnen (Gold: 2700 Tonnen). Und weiter geht's mit den Superlativen: Platin hat den höchsten Schmelzpunkt von allen hier genannten Metallen – wobei das im Alltag keine große Bedeutung haben sollte. Platin wird ausschließlich in einem Feinheitsgrad von 950/000 verarbeitet und ist optimal hautverträglich. Aber eben auch sehr teuer. Auch die Oberfläche von Platinringen verkratzt mit den Jahren, allerdings wird hier das Material nur verschoben und nicht abgerieben. Theoretisch sollte der Ring also auch in vierzig Jahren noch genauso schwer sein. Ach ja, Schmuck aus Platin ist extrem schwer, ein Ring aus Platin wiegt bei gleicher Masse etwa ein Drittel mehr als ein Ring aus 750er Gold.

Palladium
Palladium gehört zur Gruppe der Platin-Metalle, zu der auch Rhodium, Osmium und Iridium gehören. Es ist allerdings nicht so edel wie Platin. Trotzdem ist das weiße, stark reflektierende Metall an der Luft sehr korrosionsbeständig, da es bei Raumtemperatur nicht mit Sauerstoff reagiert.

Und wo wir gerade bei Ringen sind: Zum Thema Geschenke für das Brautpaar gibt es auch noch ein paar Takte zu sagen.

Geschenke für die Hochzeit

Das war ja schon an Weihnachten der Klassiker: Man packt erwartungsfroh die bunten Päckchen aus – und dann gibt es Unterhosen, Socken, den x-ten Schlafanzug, gerade so wie auch in den Jahren zuvor. Damit es euch oder den Brautpaaren, die ihr beschenkt, nicht so ergeht, gibt es ein paar einfache Dinge zu beachten:

Der Hochzeitstisch
Viele Brautpaare richten sich einen so genannten Hochzeitstisch in einem bestimmten Geschäft ihrer Wahl ein. Beliebt sind hierbei Haushaltswarenläden, da man sich ja oft auch eine gemeinsame Wohnung mit Küche einrichten will. Dort sucht sich das Brautpaar lauter Dinge aus, die es gerne hätte. Die Gäste können ihre Geschenke anschließend dann dort kaufen und sind sich dabei sicher, keinen Griff ins Klo zu tätigen. Für die Brautpaare: Wendet euch vertrauensvoll an ein Geschäft eurer Wahl. Achtet vielleicht darauf, dass ihr euch teurere und billigere Dinge aussucht, so dass sowohl die

steinreiche Erbtante als auch der arbeitslose Ex-Kommilitone etwas finden. Für Gäste: Wenn nichts in der Einladung steht, fragt entweder den oder die Hochzeitsmanagerin oder das Brautpaar direkt danach.

Das Ganze gibt es natürlich auch als Geschenkbuch oder als Geschenk-Webseite.

Geld schenken?

Hierüber streiten sich die Geister. Viele empfinden es als unhöflich oder zu tantenhaft, Geld zu schenken. Aber es ist doch auch praktisch, denn das Paar kann sich damit seine Wünsche erfüllen, egal was es ist. Ein guter Kompromiss besteht aus unserer Sicht darin, das Geldgeschenk auf eine originelle und persönliche Weise zu »verpacken«. Hier sind zwei von unendlich vielen Möglichkeiten:

– Eiskalte Münzen

Die Vorbereitung für dieses Geschenk sollte einige Tage vor der Feier beginnen. Ihr braucht dazu einen längeren Strick, ein rundes Plastikgefäß, etwa einen kleinen Eimer, und etliche Münzen, am besten Zwei-Euro. Jetzt legt ihr einige der Münzen in den Behälter und schüttet etwas Wasser dazu, so dass die Münzen bedeckt sind. Den Strick legt ihr mit einem Ende ins Wasser, so dass noch mindestens ein Meter aus dem Behälter herausschaut. Danach kommt das Ganze ins Gefrierfach oder noch besser in die Tiefkühltruhe (mehr Platz!). Wenn die erste Schicht gefroren ist, kommt eine zweite Schicht mit neuen Münzen und neuem Wasser dazu, das wieder einfrieren muss. Das macht ihr so lange, bis das Gefäß voll ist und eure Münzen alle eingefroren sind.

Zur Hochzeitsfeier löst ihr den wertvollen Eisblock aus dem Gefäß und hängt das Eis an dem Strick im Festsaal auf. Darunter platziert ihr den Eimer und darüber ein Sieb. Jetzt taut das »Geschenk« den ganzen Abend vor sich hin und lässt immer wieder klingelnd eine Münze fallen.

– Die getarnte Gurke
Okay, unsere Eltern haben immer gesagt, dass wir mit Lebensmitteln nicht spielen sollen. Aber diese Idee ist einfach gut: eine Salatgurke als Geld-Kaktus. Du benötigst dazu eine Gurke, die ruhig etwas verschrumpelt aussehen kann. Schneide nun mit dem Messer viele kleine Schlitze in die gesamte Gurke. Danach steckst du lauter Zwei-Euro-Stücke in die Gurke und »pflanzt« das ganze Ding in einen Blumentopf mit Erde! Der Kaktus wird garantiert viel Freude machen.

Noch mal 'ne blöde Frage zwischendurch: Wie ist das eigentlich mit dem Hochzeitsstrauß? Ich habe da ja keine Ahnung und wollte vielleicht ein paar schöne Tulpen besorgen. Um die Ecke gibt es einen Laden, der heißt »Blume 2000« oder so ähnlich, und ist auch nicht so teuer …

Halt, Ingo, jetzt keinen fatalen Fehler machen! Nach unseren privaten Erhebungen ist der Hochzeitsstrauß bei 95 Prozent aller Paare der Anlass für den ersten Ehekrach! Für die Frauen ist der Hochzeitsstrauß enorm wichtig – so wie für die Männer etwa der Brautwagen oder die letzte Sportschau der Saison.

Leider haben Männer einfach überhaupt keinen Sinn für diese bunten Gewächse (die Floristen unter unseren Lesern nehmen wir hiervon natürlich ausdrücklich aus). In diesem Fall empfehlen wir: Lass es einfach die Frau machen! Biete an, den Strauß abzuholen und sei irgendwie behilflich, aber such den Strauß bloß nicht selber aus!

Ah, gut, dass wir darüber geredet haben. Werde ich machen. Aber habt ihr nicht auch noch ein paar Tipps für unsere Party?

Na klar! Hier haben wir die besten, schönsten und praktischsten Tipps für euer Hochzeitsfest …

Tischordnung: Paare kreuzweise

Hier ein Tipp für eure Tischordnung bei der Hochzeit: Setzt eingeladene Paare nicht direkt gegenüber oder nebeneinander an den Tisch, sondern am besten kreuzweise verschränkt mit einem anderen Paar. So dass der Partner jeweils schräg gegenüber sitzt. Wenn ihr dann noch darauf achtet, dass die »zusammengelegten« Paare einige Gemeinsamkeiten haben, die sie im Laufe des Abends entdecken können, habt ihr alles richtig gemacht.

Was meint die Jury?

: Einfach, aber genial!

: Das ist wirklich eine gute Idee, werden wir gleich ausprobieren!

Essensmenge richtig einschätzen

Das klingt zwar total banal, ist aber mindestens die halbe Miete für eine gelungene Hochzeitsparty: die richtige Essensmenge. Denn nichts ist peinlicher und nervender, als wenn das Essen nicht reicht, zu spät kommt, kalt ist oder fade schmeckt. Oft bleibt genau das dann von der Party in Erinnerung – über Jahre!

Bedenkt diesen Punkt deshalb lieber zweimal zu viel als einmal zu wenig. Wenn ihr das Essen bei einem Catering-Service oder einer Gaststätte »kauft«, verlasst euch nicht blind auf deren »Erfahrungen«, denn oft genug liegen diese »Profis« daneben.

Besteht von Anfang an auf einer ausreichenden Menge und lasst euch durchaus die geplanten Mengen sagen.

Was ebenfalls total abtörnt: Wenn der Catering-Service vor den Augen der Gäste das Essen aus diesen appetitlichen blauen Plastikboxen holt, die wahrscheinlich auch im Altersheim benutzt werden. Das verdirbt den Gästen in jedem Fall den Appetit. Sorgt in diesem Fall dafür, dass die Gäste das nicht sehen. Notfalls müsst ihr halt alle aus dem Saal an die frische Luft jagen und ein Hochzeitsspielchen machen.

Was sagt die Jury?

: Das ist ein verdammt wichtiger Tipp. Wir waren neulich auf einer Hochzeit: selten so gehungert wie da! Nach mehreren Stunden Anreise gab es nach der Trauung nur Sekt und trockenes Gebäck. Mehrere Stunden später wurde dann das Büfett eröffnet, aber das Lokal hatte sich mit den Mengen krass verschätzt, so dass schnell »rationiert« werden musste. Absolut peinlich!

: Das halte ich für weniger wichtig. Hauptsache, es gibt immer was zu trinken!

: Was man auch bedenken sollte: wie viele junge Gäste und alte Gäste hat man (die jungen essen nämlich deutlich mehr). Und: wie viele Sportler sind darunter (die essen meistens für zwei!).

Einfache Wegführung zur Partystätte ★ ★ ★ ☆ ☆

Erspare dir und deinen Gästen komplizierte und undurchschaubare Wegbeschreibungen (»beim Haus von Tante Erna geradeaus weiter …«). Um den Freunden und Verwandten eine wirklich sichere Ankunft ohne Umwege zu ermöglichen, hier eine sichere Lösung: Drehe deine Musikanlage bis zum Anschlag auf und lass die Gäste nach Gehör fahren!

Was meint die Jury?

: Und welche Musik empfiehlst du?

: Bestimmt nicht Bach oder Beethoven *g*

: Wie wär's mit »Stairway to heaven«?

Super Idee! Ich wollte schon immer mal die Grenzen meiner Anlage testen, aber habe es mich dann doch nie getraut.

Das lässt du mal schön, Ingo. Ich habe keine Lust, dass die Polizei schon am Mittag auf meiner Hochzeitsfeier erscheint.

War ja auch nicht ganz ernst gemeint. Aber wir haben hier noch ein paar nette Spiele für eure Party oder andere Hochzeiten, auf die ihr eingeladen werdet.

Schräge Spiele und Streiche für die Hochzeit

Bräutigam an den Beinen erkennen

Erkennt die **Braut** ihren Bräutigam mit verbundenen Augen – an seinen Beinen? Stellt sie auf die Probe! Dafür müsst ihr einige Männerbeine (inklusive der des Bräutigams) präsentieren, am besten auf Stühlen. Die Braut muss dann tastend den richtigen erraten. (Zur allgemeinen Erheiterung kann man der Braut auch ein Paar Frauenbeine dazustellen!)

Das lässt sich natürlich auch umgekehrt mit dem **Bräutigam** veranstalten. Vielleicht findet sich ja ein rasiertes Männerbeinpaar (Radfahrer fragen!), das ihr so »getarnt« unter die Frauenbeine schmuggeln könnt.

Eine ebenfalls witzige Variante: den Zukünftigen an den Ohren erkennen. Dazu auch die Augen verbinden und ein Stück Pappe mit einem Loch für die Ohrmuscheln benutzen!

Morgenstund hat Gold im Mund

Alte Volksweisheiten sind immer wert, dass du ihnen Beachtung schenkst. Und damit das junge Paar das auch nicht vergisst – besonders nicht am Morgen nach der Hochzeit –, kannst du sie folgendermaßen daran erinnern: Inseriere für den Tag nach der Hochzeit in einer lokalen Tageszeitung. Die Anzeige könnte in etwa so lauten: »Biete: Golf III, Baujahr 1998, 38 000 km, viele Extras, 1-a-Zustand, günstig abzugeben, VB 1900 Euro, bitte um persönliches Erscheinen bei (Adr. des Brautpaares), Tel.: (Nr. des Paares), ab 7 Uhr morgens.« Wenn der entsprechende Tag ein Sonntag ist, entweder eine Sonntagszeitung wählen oder schon am Samstag inserieren und ausdrücklich um das Erscheinen am Sonntagmorgen bitten.

Variante der »Reise nach Jerusalem«

Das alte Spiel »Reise nach Jerusalem« kennt jeder. So mit Stühlen und der Musik ... Hier ist eine witzige Variante, die man gut zu fortgeschrittener Stunde spielen kann. Bei dieser Variante müssen sich die Teilnehmer nicht um die knappen Stühle balgen, sondern auf die Schnelle einen bestimmten Gegenstand besorgen, den der Spielleiter jeweils ansagt. Zum Beispiel geht es los mit einem Schnürsenkel. Wer hier nun als Letzter einen Schnürsenkel anbringen kann, ist ausgeschieden. Danach kann man dann schon etwas heiklere Gegenstände fordern: einen Damenstrumpf, eine Männerkrawatte und so weiter. Je weniger Leute im Rennen sind, desto schwieriger und delikater kann man die gewünschten Dinge wählen: eine Männerunterhose oder einen Damen-BH etwa.

Die Hochzeitsnacht

Das ist ein witziges Spiel, bei dem jemand beschreibt, wie er sich seine »erste Nacht« vorstellt – allerdings weiß er das in diesem Moment gar nicht! Man braucht dazu einen Spielleiter oder eine Spielleiterin, etwa drei männliche Freiwillige, die zu Beginn des Spiels den Raum verlassen, sowie eine Person, die einen Esslöffel bekommt.

Diese Person soll den Löffel nun so mit den Händen festhalten, dass man ihr den Löffel nur ganz schwer oder gar nicht entreißen kann. Den Freiwilligen vor der Tür gibt man die Aufgabe, dass sie einzeln innerhalb einer gewissen Zeit der Person den Löffel abnehmen sollen. Der Spielleiter weist die Freiwilligen auch darauf hin, es mit freundlichem Zureden zu probieren.

Den anwesenden Gästen erzählt man hingegen, dass das, was nun geschieht, die Ereignisse der Hochzeitsnacht des Paares darstellt.

Tipp: Beim Aussuchen der Freiwilligen sollte man auf weibliche Personen verzichten, ohne zu erwähnen, dass nur männliche geeignet sind. Die Person mit dem Löffel sollte auf jeden Fall sitzen und den Löffel am besten zwischen den Beinen halten!

Der ultimative Partnertest!

Dies ist der ultimative Test für das harmonische Zusammenleben des frisch gebackenen Brautpaares. Man benötigt dazu eine Spielleiterin oder einen Spielleiter, mehrere Helfer sowie das Brautpaar. Außerdem benötigt man ein altes Bettlaken, ein Paar kleine Schuhe, ein Kinder-Lätzchen sowie diverse Gegenstände aus dem täglichen Leben: einen Waschlappen,

Rasierzeug (bitte keine echten Klingen!), Joghurt, Zahnbürste und so weiter. Das Bettlaken wird von Helfern hinter einem Tisch hochgehalten. Es muss so präpariert sein, dass der Bräutigam dahinter sitzend seinen Kopf und seine beiden Hände durch Schlitze stecken kann. Auf der Vorderseite des Lakens ist ein kleines Kind aufgemalt, dessen Kopf der des Bräutigams ist und dessen Beine die Arme des Bräutigams sind. An die Hände des Bräutigams werden nun die Schuhe angezogen. Nun muss die Braut sich hinter den Bräutigam stellen und ihre beiden Arme ebenfalls durch Schlitze im Betttuch stecken – so dass das kleine Kind nun auch Arme hat.

Nun beginnt der Spaß mit den diversen Aufgabenstellungen: Das kleine Kind wacht auf, gähnt und reibt sich die Augen. Das muss die Braut nun mit dem Gesicht des Bräutigams tun, ohne allerdings etwas davon zu sehen. Danach soll das Kind sich die Zähne putzen, Joghurt essen, sich rasieren und waschen und, und, und. Die Helfer müssen die entsprechenden Utensilien reichen. Vor allem das Einschäumen beim Rasieren ist ein besonderer Spaß für die Anwesenden.

Der Tampon
Bei diesem zugegebenermaßen etwas derberen Spiel müssen die Teilnehmer mit Hilfe eines handelsüblichen Tampons versuchen, eine Flasche anzuheben. Das funktioniert so: Den Teilnehmerinnen und Teilnehmern wird zunächst ein Tampon mit einer Schnur so hinten am Gürtel oder Hosenbund befestigt, dass der Tampon etwa in Kniehöhe hängt. Danach müssen sich die Freiwilligen über eine Flasche mit Wasser stellen und sollen nun – natürlich ohne die Hände zu benutzen, deshalb am besten festbinden – den Tampon in die Flasche einführen. Wenn dies irgendwann gelingt, saugt der sich mit Wasser voll und anschließend kann man die Flasche anheben. Jetzt hat der Teilnehmer ent-

weder gewonnen oder muss vorher mit der Flasche noch einen Hindernisparcours durchlaufen. Eine andere Variante ist es, den Freiwilligen die Augen zu verbinden und die Anwesenden zur lautstarken Mithilfe anzuhalten.

Und zum Schluss noch etwas sehr, sehr Romantisches für eure Hochzeitsfeier: Luftballons mit Wunderkerzen steigen lassen. Das ist eigentlich verboten in Deutschland. Deshalb am besten in einer grenznahen Region heiraten und zu diesem Event kurz die Landesgrenze überschreiten. Und so geht es: Besorgt euch Ballons und Helium. Anbieter findet ihr im Netz etwa unter www.ballon24.de. Die liefern euch alles direkt bis in den Festsaal. Dann können zu vorgerückter Stunde und bei Dunkelheit viele rote Herzluftballons, an die ihr mit einer Schnur Wunderkerzen hängt, gleichzeitig in die Luft gelassen werden. Sieht absolut traumhaft aus! Die erlaubte Variante bei Tageslicht und mit »Antwortkarten« an das Brautpaar ist übrigens auch nett.

Heiraten im Ausland

Dass dies ein Trend ist, lässt sich schon an der Anzahl der professionellen Anbieter im Netz ablesen. Lange Jahre war die Blitzhochzeit in Las Vegas das Symbol für »die« Hochzeit im Ausland. Heute wird der Bund fürs Leben auf der ganzen Welt geschlossen. Das ist oft exotisch, geht meist ziemlich unkompliziert und verbindet zudem Hochzeitsreise und Zeremonie auf angenehme Weise miteinander. Wer an sich wenig Lust auf große Feierlichkeiten, viel Tamtam, die buckelige Verwandtschaft und den ganzen Rest hat, für den ist die Hochzeit im Ausland eine interessante Alternative.

Grundsätzlich wird eine solche Hochzeit in Deutschland anerkannt, wenn sie nach den im Ferienziel üblichen Regeln abgehalten wird. Sprich: Was in Las Vegas eine richtige Hochzeit ist, ist es auch in Deutschland. Zumindest theoretisch. Praktisch haben einige Paare dann schon etwas Ärger, allerdings erst in Deutschland – dann nämlich, wenn sie sich ihre Ehe von deutschen Ämtern anerkennen lassen müssen. Weitere Informationen zu diesem Thema gibt es beim Auswärtigen Amt in Berlin.

Wenn man sich für eine solche Variante entscheidet, kann man die Organisation entweder selbst in die Hand nehmen (was man dann frühzeitig tun sollte, um pünktlich alle notwendigen Dokumente vorliegen zu haben). Oder man kauft sich das »Hochzeits-Paket« von einem professionellen Veranstalter, was in der Regel nicht ganz billig ist. Entsprechende Anbieter findet ihr im Netz.

Die ausgefallensten Ideen sind übrigens: In Kanada beim Skifahren (das heißt, tatsächlich auf Skiern, auch der Standesbeamte wedelt mit die Piste herunter); in Las Vegas mit einem Elvis-Presley-Double als Trauzeuge; in Thailand bei einer buddhistischen Hochzeitszeremonie mit neun Mönchen; auf Hawaii am Strand …

OUTRO

Wow, was für eine Fete das war, unsere Hochzeit! Obwohl wir schon seit zwei Tagen hier auf dieser wunderschönen Insel am Strand liegen, haben sich Jetlag und Kater noch nicht ganz verzogen. Aber das war's wert! Ingo ist gerade auf seinem Liegestuhl eingepennt, nachdem er eine Runde schwimmen war. Er gibt jetzt wieder diese charakteristischen Geräusche von sich, an die ich mich ja gewöhnen muss. Oder habt ihr nicht vielleicht noch eine Idee, was man gegen Schnarchen tun könnte? Ach, nee, lasst mal stecken, Jungs! Wir haben jetzt Flitterwochen, und da nehme ich meinen frisch gebackenen Ehemann ganz so, wie er nun mal ist … und ihr beide habt euch nach diesen vielen super Tipps jetzt auch etwas Urlaub verdient, oder? Gell, Ingo?

Chhhhhhhhrrrrrr – was? Ähh … ja sicher… du hast vollkommen recht, Schatz!

Liebe Kathrin, lieber Ingo,
wir freuen uns natürlich sehr, dass euch unsere Tipps weitergeholfen haben. Und ja, gegen Schnarchen wüssten wir schon etwas. Aber das wird vielleicht zu einem späteren Zeitpunkt an einem anderen Ort erzählt werden. Schließlich hat es uns wahnsinnig Spaß gemacht, für euch all diese Tipps und Tricks zusammenzustellen.

In diesem Sinne hoffen wir natürlich, dass wir uns bald wiedersehen!
Macht's gut und haltet die Ohren steif!
Eure Vatis
Bernhard und Hans-Jörg

Suchmaschine

(fett gedruckte Stichworte verweisen auf Cheats und Komplettlösungen)

A

Akkubohrschrauber 12
Altbiermarinade für Koteletts 152
Altersvorsorge 33
Anschreiben 48
Anzugkauf 115
Arbeitszeugnis, wohlwollendes 70
Autokauf 76
Autotüren, zugefrorene 94
Autoventilklappe 85

B

Bahnreisen, günstige 103
Bauschbarverdrägle 33
Bausparvertrag *siehe Bauschbarverdrägle*
Beruf-Deutsch/Deutsch-Beruf 67
Berufsunfähigkeitsversicherung 32
Besichtigungstermin Autokauf 77
Bestecksprache 134
Bestellung im Restaurant 136
Betriebsfeiern 132
Bewerbung 48
Bewerbung mit Europass 59
Bewerbung per Mail 56
Bewerbungsfotos, originelle 50
Bewerbungskosten, Erstattung von 57
Bezahlen im Restaurant 136
Blumengießen, geschickt 170
Bohren in Fliesen 14
Bohren, profimäßig 13

B

Bremsflüssigkeit prüfen 86
Buch, falsches geschenktes 44
Bügelschlösser 99
Büroalltag, Verhaltensregeln 130
Bürospiel 64
Button-Down-Kragen 110

C

Charles-Bukowski-Sammlung 44
Chef 67
Cognac, hausgemachter

D

DAT-Schätzstelle 78
Daumennägel, blaue 25
Dosenfutter schenken 188
Dresscodes 106
Druckausgleich, hydraulischer 38
Dübel entfernen 21
Dübel in bröckeligem Putz 23

E

Easy Häppchen 63
Eheringe 191
Ehevertrag 186
Eierschalen als Vasenreiniger 172
Einweg-Schuheinlagen 127
Energiesparlampen 41
Erster Tag im neuen Job 62
Essensmenge bei der Feier 196

F

Fahrrad-Codierung 100
Fahrsicherheitstraining 96
Fahrweise, sparsame 81
Fenster isolieren 38
Fleischporen *siehe Fleischkapillaren*
Fleisch marinieren 150
Fleisch mit Zucker 143
Fleisch, saftig zubereiten 142
Fleischeinkauf 149
Fleischkapillaren 143
Flickzeug, klug verstautes 102
Fliegen auf der Windschutz-
   scheibe 92
Flunkyball 160
Flurfunk 68
Four-in-Hand-Knoten
Frischhaltefolie 22
Fußballschuhe mit Gummi-
   stollen 18

G

Gehalt 68
Gemüsepacks 156
Geschenkbänder 99
Gespräche im Büro 131
Glaskeramikfeld, Grillen mit 146
Glühbirne-Energiesparlampen,
   Umrechnung 42
Grillanblasen, pusteschonend 141
Grillbriketts 138
Grill-Einmaleins 148
Grillen, indirekt 144

H

Haarspray 16
Hähnchenbrust, gefüllte 153
Haifisch-Kragen 110

Haken mit Saugnäpfen 16
Hammerhaltung, richtige 25
Handwaschpaste, selfmade 101
Hausratsversicherung 31
**Heiraten für Anfänger, Check-
   liste** 183
Heiraten im Ausland 202
Heiraten, Will ich wirklich (Test
   für den Mann) 176
Heiraten, Will ich wirklich (Test
   für die Frau) 178
Heiratsantrag im Ballon 181
Heiratsantrag im Kino 180
Heizen, richtig 36
Hemdkragen, Überblick 110
Hen Party 189
Hochzeitsgeschenke 193
Hochzeitskleidung, als Gast 109
Hochzeitsstrauß 195
Honiggrillfleisch 154
Hosenlängentest 116
Hosentasche, Loch in 128
Hufeisenprobe 70

J

Job durch perönliche Kontakte 51
Junggesellenabend 189

K

Kabelschlösser *siehe Geschenk-
   bänder*
Kaffee mit Zitrone 164
Kaffee, wirklich sehr starker 69
Kaffeeküche 68
Katerbekämpfung 163
Kent-Kragen 110
Kfz-Steuer 79
Kläppchen-Kragen 110

Knitterprobe 115
Knobisauße, legger 155
Kollegen 67
Kompaktleuchtstofflampen
siehe Energiesparlampen
Krawattenknoten 112
Kritik im Büro 132
Kühlflüssigkeit prüfen 86
Kupferdraht gegen Schnecken 167

L

Lebenslauf 48
Lösen festgerosterter Schrauben 27

M

Magnum-Eis-Stil 17
Marder, gefräßige 88
Maschendraht 89
Maßanzüge, günstige 118
Melkfett 94
Mett-Baguette 157

N

New-Kent-Kragen 110

O

Öl prüfen 86
Outfit für den Junggesellenabend 190

P

Panzerkettenschlösser 99
Papier-»Kamin« 139
Pflaster beim Bohren 13
Pinsel feuchthalten 21
Pulli, Pimp my 127
Putenfleisch vom Grill 158

R

Rauchen im Büro 131
Rauchen im Restaurant 136
Raumtemperatur 37
Reifendruck, richtiger 83
Reißverschlüsse, aufgehende 128
Reklamation im Restaurant 136
**Rendezvous, Verhaltens-
regeln** 135

S

Scheibenwischer aufmöbeln 92
Schlagbohrmaschine 12
Schmutzverteilung, reduzierte 18
Schneckenbekämpfung 167
Schuhe pflegen 123
Schuhen, Flecken auf 124
Schuhgerüche, käsige 125
Schuhspanner 125
Schwitz-Füße 126
Seitenscheibe, versenkte 90
Silikon-Fugen 17
Smalltalk im Büro 131
Socken, eingelaufene 122
Socken-Einmaleins 118
Sockenpflege 121
**Spiel, schräge (für die Hoch-
zeit)** 198
Spritus 138
Stand-by-Funktion 40
Stichsäge 13
Stiftung Warentest 41
Stoßlüften 36
Strafzettel von der Steuer
absetzen 75
Streichen, richtig 19
Strom sparen 40

T

Tab-Kragen 111
Tagesgeldkonten 35
Talkum 94
Tanken mit Pflanzenöl 80
Teilkaskoversicherung 78
Tennissocken 119
Test Verkehrsteilnehmer 72
Tieflader mit Tasse 188
Tischmanieren 133
Tischordnung bei der
    Feier 196
Türschösser, eisfreie 95
TÜV 78, 84

U

Unfall, Verhalten bei 96
Unfallversicherung 31

V

Verbraucherzentrale 32, 149
Versicherungen 31

W

Waschmittel, geklautes 28
Wasserhahn, Sparen beim 42
Wasserhahn, tropfender 26
Wegführung zur Party 197
Werkzeugkasten 12
Windsor-Knoten 113
Windsor-Knoten, halber 113
Wischwasser mit Babyöl 18

Z

Zeugnisse 48
Zigarettenasche gegen
    Ungeziefer 170
Zug zum Flug-Tickets 104
Zwiebeln, gegrillte 159

Videorekorder, billiger 25
Vollkaskoversicherung 79
Vorstellungsgespräch 52
Vorstellungsgespräch,
    versautes 54

WEBSITEEMPFEHLUNGEN

Wissenswertes
www.frag-vati.de – Website der beiden Autoren
www.frag-mutti.de – Auch Website der beiden Autoren :-)

Geld, Finanzen & Versicherungen
www.tauschticket.de – Bücher u.v.m. im Internet tauschen
www.wearewhatwedo.org, www.wearewhatwedo.de – 50 kleine
Ideen, die die Welt verändern
www.verbraucherzentrale.info – Die **Verbraucherzentralen** in
den 16 Bundesländern bieten Beratung und Information zu Fragen des Verbraucherschutzes

Job & Karriere
europass.cedefop.europa.eu – Informationen für Bewerber rund
um den Europass
www.netzeitung.de/arbeitundberuf – Umfangreiche Informationen zum Thema Jobsuche, Bewerbung und Karriere

Autos, Fahrrad & Mobilität
www.mobile.de – Autos (ver-)kaufen im Internet
www.autoscout24.de – Autos (ver-)kaufen im Internet
www.kfz-steuer.de – Alles rund um die Kfz-Steuer, inkl. Steuer-
rechner
www.fmso.de – Fahren mit Salatöl. Informationen für Spritspa-
rer
www.adfc.de – Allgemeiner Deutscher Fahrradclub. Umfangreiche Informationen zum Thema Fahrrad
www.hlx.com – günstige Flüge im In- und Ausland. Angebot des
»Flugs zum Zug«.

211

Dresscode & Knigge

www.krawattenknoten.info – alles (aber auch wirklich alles) zum Thema Krawatten

Hochzeiten & andere Feste

www.der-besondere-heiratsantrag.de – falls du auf der Suche nach dem besonderen Heiratsantrag bist. Hier wirst du fündig!

www.ballon24.de – Webshop für Luftballons und Helium

www.mwpf.de – Mehrwegpfandflasche.de: Anmeldung zum Flunkyball-Turnier

Wir bedanken uns bei

- unseren Internet-Muttis und -Vatis für die unglaublich vielen Tipps und Ideen;
- unseren »echten« Muttis und Vatis für die umfassendste kostenlose Lebensberatung, die man sich nur wünschen kann;
- Werner, Hilde und ihrem »Schöpfer« Sebastian Steitz;
- Werner Gailing, der ein wandelndes Auto-Lexikon ist und Namensgeber für unser Maskottchen war;
- Ina Finkbeiner für ihre seelische und moralische Unterstützung;
- Tino Heeg für die tatkräftige Unterstützung, der mit seiner Bohrmaschine trotz falschherum eingestellter Drehrichtung Löcher bohren kann;
- Martina Seith-Karow und dem ganzen S. Fischer-Verlagsteam, das sich immer wieder für unsere Ideen begeistern kann:-)

Ohne euch wäre »Frag Vati« voll in die Hose gegangen.

»Auch erfahrene Hausfrauen können
noch dazu lernen.« brigitte.de

ISBN 978-3-596-16937-5
256 Seiten, € (D) 7,95 sFr 14,70

Irgendwann erwischt es dich: Du fliegst aus dem ›Hotel Mama‹
und siehst dich dem schonungslosen Alltag ausgesetzt.
Waschen, putzen, kochen – was früher im Wunder-Mutterland
wie ein weit entfernter Fluch klang, musst du jetzt ganz alleine
bewältigen.
Zwei Junggesellen, die diese schwere Schule durchschritten
haben, helfen mit wertvollen Tipps und Tricks, die erste Zeit
im K(r)ampf mit den alltäglichen Tätigkeiten zu meistern. Alles
ist garantiert alltagserprobt – und nach intensiver Lektüre ist
der Anruf bei ›Mutti‹ bald überflüssig …

Sarah Kuttner
**Das oblatendünne Eis des
halben Zweidrittelwissens**
Kolumnen
Band 17108

Alles, was wir schon immer von Sarah Kuttner wissen wollten: Ist Angela Merkel und die CDU ein guter Bandname?
Wie liest man eigentlich den Jahreswirtschaftsbericht? Was
hat es bloß mit dem Trend zur Umhängeuhr auf sich, und
wird vom Bionade trinken alles schöner? Sarah Kuttner
kommentiert aktuelle Ereignisse, die die Welt bewegen.
Jetzt in extrem neuer Rechtschreibung mit besonders
komplizierten Wörtern!

» Sarah Kuttner ist der Beweis:
Es gibt auch Frauen, die es können.«
Harald Schmidt

»Dieses grundlegende Werk gibt den wichtigen
Anstoß und den erneuten Anlass einer öffentlichen
Auseinandersetzung um Werte, Traditionen und
Neuorientierungen hinsichtlich der Grundlagen
unserer Kultur. Wicked!«
H. P. Baxxter

Fischer Taschenbuch Verlag

fi 17108 / 1

Nikola Richter
Die Lebenspraktikanten
Band 16992

Sie sind professionelle Lebenspraktikanten mit mehreren Visitenkarten. Sie sind flexibel durch und durch, erfinden sich täglich neu. Sie suchen Jobs und Praktika, knüpfen Kontakte und Netzwerke, wechseln ständig den Aufenthaltsort und lieben provisorisch. Sie sind Meister der Anpassung an eine Gegenwart, in der man leichter einen neuen Partner findet als einen Job. Die Welt steht ihnen offen, sie sind wach und beweglich, hungrig und kreativ. Sie sind behütet aufgewachsen, bestens ausgebildet, mobil, mehrsprachig, ideologisch unverdorben und informationstechnisch auf dem neuesten Stand. Sie sind bereit und bestens gerüstet, das Leben in die eigenen Hände zu nehmen. Sie leben auf Probe. Vermutlich für immer.

»Ich möchte den Alltag der Jobsuchenden
in Geschichten schildern, die nicht fiktiv sind. Sie sind
erlebt, ihnen liegt eine Wahrheit zugrunde. Es sind
Geschichten über die Liebe und das Arbeiten,
über das Scheitern und den Erfolg.«
Nikola Richter

»Vielleicht haben sie einen Job.
Wo es hingeht, wissen sie trotzdem nicht.
Nikola Richter gibt Orientierung über eine orientierungslose
Generation. Treffend, temporeich und zugeneigt.«
Tobias Lehmkuhl

Fischer Taschenbuch Verlag

Oliver Uschmann
Voll beschäftigt
Roman
Band 17125

Sollen Katzen Playstation spielen? Dürfen Malocher die Fünf
Tibeter üben? Kann man Akademiker erfolgreich dequalifi-
zieren? Hartmut und ich wollen es wissen. Bochums tiefsin-
nigste Männer-WG macht Byzantinisten zu Bauarbeitern,
Ingenieure zu Instandsetzern und Skandinavistinnen zu Ikea-
Sekretärinnen. Ganzheitlich. Mit Jobgarantie. Der unglaubliche Roman einer unglaublichen Wir-AG. Mit Haustier.

»Nach dem Genuss dieses Buches bin ich kurz
davor, ins Ruhrgebiet zu ziehen. Ich wusste bisher nicht,
dass dort so weise Menschen leben.«
Bela B., Die Ärzte

»Der Weltverbesserer und sein Kumpel: ein geniales Duo!«
WDR

Fischer Taschenbuch Verlag

fi 17125 / 1

Oliver Uschmann
Hartmut und ich
Roman
Band 16615

Muss man Always immer tragen, nur weil sie so heißen?
Darf man Fahrradfahrer auf offener Straße bewusstlos
schlagen? Kann man schwer erziehbaren Katzen durch anti-
autoritäre Methoden zu einem besseren Leben verhelfen?
Hartmut will es wissen! Der unglaubliche Roman einer
unglaublichen Männer-WG.

»Saugut geschrieben und sehr witzig. Jetzt weiß ich,
dass ich einen neuen Lieblingsautor habe und dringend
eine Playstation brauche!«
Tommy Jaud

Fischer Taschenbuch Verlag

fi 16615 / 2